EXERCÍCIOS
PRÁTICOS PARA ESTIMULAR A
M3MÓRI4

Dados Internacionais de Catalogação na Publicação (CIP)
(Câmara Brasileira do Livro, SP, Brasil)

Palomo, Mónica
   Exercícios práticos para estimular a memória 3 / Mónica Palomo ; tradução de Daniela Barbosa Henriques. – Petrópolis, RJ : Vozes, 2023.
   Título original: Ejercicios prácticos para estimular la memoria 3

2ª reimpressão, 2025.

   ISBN 978-65-5713-897-7
   1. Mnemônica I. Título.

22-137832   CDD-153.14

Índices para catálogo sistemático:
1. Memória : Treinamento : Técnicas : Psicologia
153.14

Inajara Pires de Souza – Bibliotecária – CRB PR-001652/0

MÓNICA PALOMO

EXERCÍCIOS PRÁTICOS PARA ESTIMULAR A M3MÓRI4

3

Tradução de Daniela Barbosa Henriques

EDITORA VOZES

Petrópolis

© Mónica Palomo Berjaga
© 2017, Editorial CCS, Madri – Espanha

Tradução realizada a partir do original em espanhol intitulado *Ejercicios prácticos para estimular la memoria 3*

Direitos de publicação em língua portuguesa – Brasil:
2023, Editora Vozes Ltda.
Rua Frei Luís, 100
25689-900 Petrópolis, RJ
www.vozes.com.br
Brasil

Todos os direitos reservados. Nenhuma parte desta obra poderá ser reproduzida ou transmitida por qualquer forma e/ou quaisquer meios (eletrônico ou mecânico, incluindo fotocópia e gravação) ou arquivada em qualquer sistema ou banco de dados sem permissão escrita da editora.

CONSELHO EDITORIAL

Diretor
Volney J. Berkenbrock

Editores
Aline dos Santos Carneiro
Edrian Josué Pasini
Marilac Loraine Oleniki
Welder Lancieri Marchini

Conselheiros
Elói Dionísio Piva
Francisco Morás
Teobaldo Heidemann
Thiago Alexandre Hayakawa

Secretário executivo
Leonardo A.R.T. dos Santos

PRODUÇÃO EDITORIAL

Anna Catharina Miranda
Eric Parrot
Jailson Scota
Marcelo Telles
Mirela de Oliveira
Natália França
Priscilla A.F. Alves
Rafael de Oliveira
Samuel Rezende
Verônica M. Guedes

Editoração: Fernando Sergio Olivetti da Rocha
Diagramação: Sheilandre Desenv. Gráfico
Revisão gráfica: Barbara Kreischer
Capa: Editora Vozes

ISBN 978-65-5713-897-7 (Brasil)
ISBN 978-84-9023-462-4 (Espanha)

Este livro foi composto e impresso pela Editora Vozes Ltda.

Para Vane, minha irmã.

Sumário

Introdução, 9

Exercícios, 11

Soluções, 225

Introdução

Uma das queixas mais frequentes dos idosos se refere à memória. Muitos enfrentam problemas com as funções cognitivas, como distrações, falta de atenção e concentração, incapacidade de lembrar acontecimentos etc. Isso se deve a vários fatores, como o aumento na expectativa de vida da nossa sociedade (as pessoas vivem mais), situações de estresse, doenças neurodegenerativas como Alzheimer ou efeitos colaterais de medicamentos, entre outros.

Como o sistema cognitivo humano é flexível e sua organização depende em grande parte de aprendizagem, atividades e operações mentais, podemos exercitar essas áreas para reduzir o mal-estar que suas alterações geram. Por isso em muitos lugares existem oficinas de memória para idosos (e nem tão idosos assim), onde exercitam-se as diferentes capacidades cognitivas, como linguagem, atenção, memória, cálculo, raciocínio etc., com o objetivo de controlar os déficits cognitivos e exercitar essas capacidades (assim como o corpo humano, o cérebro precisa estar em forma). Através de um exercício mental, progressivo e constante é possível melhorar.

Este livro é uma ferramenta muito útil para exercitar a memória e as capacidades cognitivas em geral. É uma continuação dos dois volumes anteriores, seguindo o mesmo padrão estrutural. São 200 exercícios que trabalham as seguintes capacidades: atenção, memória, cálculo, raciocínio, linguagem, praxia e orientação. Vale ressaltar que, apesar de tal divisão, um único exercício trabalha de uma só vez várias capacidades cognitivas; por exemplo: um exercício de linguagem trabalhará de uma só vez a memória (quando se pensa em nomes femininos, p. ex.) e a praxia (quando todos os nomes são anotados no papel). As atividades variam de menor a maior grau de dificuldade; portanto, convém seguir a ordem estabelecida.

Algumas recomendações

- Ser constante é importante.
- Fazer os exercícios na ordem e sem saltar.
- Praticar duas vezes por semana.
- Fazer de três a quatro exercícios por prática, no máximo.
- Praticar aproximadamente por uma hora.
- Buscar um lugar tranquilo e com luz natural.
- Se necessário, utilizar uma lupa nos exercícios.
- Se necessário, descansar os olhos por algum tempo.
- Descansar cinco minutos de um exercício para outro.
- Tentar ficar atento e pensar somente na atividade realizada.

EXERCÍCIOS

1

Linguagem

Escreva 20 nomes femininos:

Bárbara...

Escreva 20 nomes masculinos:

João...

2

Orientação

Responda às seguintes perguntas:

1. Qual é o seu nome?

2. Em que ano você nasceu?

3. Qual é a sua idade?

4. É casado(a)?

5. Qual é o nome do(a) seu(sua) esposo(a)?

6. Qual é a idade do(a) seu(sua) esposo(a)?

7. Tem filhos?

8. Como se chamam?

9. E netos?

10. Como se chamam?

11. Quantos anos têm?

12. Qual é o seu telefone?

3

Atenção

Conte cada figura:

4

Memória

A seguir você verá palavras diferentes. Leia uma de cada vez e, sem olhar, soletre-as (diga as letras que compõem a palavra em ordem).

Exemplo: PÃO

As letras que compõem esta palavra são: P-Ã-O

1. FIM	11. ASPA
2. AÇO	12. JUSTO
3. ELE	13. AQUI
4. ASA	14. DEDAL
5. MIMO	15. JAMBO
6. LADO	16. MÉDIA
7. RAÇA	17. FALTA
8. LUAR	18. DÉBIL
9. CABO	19. ÍNDIO
10. LONA	20. ELIAS

5

Praxia

Recorte letras e números de revistas. Forme o nome do lugar ou cidade onde você vive, seu nome e idade. Depois, cole-os nesta página.

6

Linguagem

Escreva 20 palavras que começam com **GA**:

Galo,

Escreva 20 palavras que começam com **TO**:

Toldo,

7

Atenção

Substitua os números pelas letras e descubra as frases:

1 = A; 2 = E; 3 = I; 4 = O; 5 = U

MIR31 T2M TR2S C12S 2 D43S GIT4S.

MIN52L Q52R C4M2R MICIRRI4.

NI S2MINI PISSIDI V3 I M3NHI PR3MI.

NIS S2G5NDIS-F23RIS M25 MIR3D4 T2M F4LGI.

4S PISSIR4S F5G3RIM C4M PR2SSI.

IS CR3INÇIS C4ST5MIM G4STIR D2 CIRIM2L4S.

2M IG4ST4 VIM4S V3IJIR D2 F2R3IS PIRI I PRI3I.

8

Linguagem

Classifique as palavras seguintes na categoria correspondente: cão, Carmen, rato, pedreiro, gerânio, camareiro, João, cacto, gato, Afonso, dentista, pintor, Maitê, urso, hera, Cristina, campânula, azaleia, elefante, Augusto, arquiteto, gardênia, dália, Rodrigo, galinha, bailarino, hortênsia, cantor, lebre, cabeleireiro, Maria, coelho.

Animais

cão

Nomes próprios

Profissões

Flores e plantas

9

Atenção

Leia atentamente o seguinte poema, assinale todas as letras **T** e **M** e conte o total de cada uma:

Inclinado nas tardes atiro minhas tristes redes
aos teus olhos oceânicos.

Ali se estira e arde na mais alta fogueira
minha solidão que braceja como um náufrago.

Faço rubros sinais sobre teus olhos ausentes
que ondeiam como o mar à beira de um farol.

Apenas guardas trevas, fêmea distante e minha,
do teu olhar emerge às vezes a costa do espanto.

Inclinado nas tardes lanço minhas tristes redes
a esse mar que sacode teus olhos oceânicos.

Os pássaros noturnos bicam as primeiras estrelas
que cintilam como minha alma quando te amo.

Galopa a noite na sua égua sombria
esparramando espigas azuis sobre o campo.

Pablo Neruda

10

Memória

Escreva a palavra adequada para cada definição:

1. Roupa de peça única usada para banhar-se em praias, piscinas etc.:

2. Movimento da boca e outras partes do rosto que demonstram alegria:

3. Pessoa responsável pela guarda, limpeza e chaves de um edifício ou estabelecimento:

4. Utensílio para fumar que consiste num tubo com boquilha numa extremidade e fornilho na outra, onde se coloca o tabaco:

5. Primeiro dia da semana:

6. Órgão proeminente do rosto humano entre a testa e a boca, com dois orifícios, que faz parte do aparelho respiratório:

7. Jogo entre duas pessoas ou duas duplas em que os jogadores, de ambos os lados da rede, batem na bola com a raquete de modo que a outra parte não consiga devolvê-la.

8. Peça redonda de tecido ou tricô usada para cobrir e proteger a cabeça:

(Real Academia Española. *Diccionario de la Lengua Española.*)

11

Praxia

Represente as seguintes ações com mímica (gestos):

1. Nadar.

2. Dançar.

3. Lavar o cabelo.

4. Falar ao telefone.

5. Varrer.

6. Dormir.

7. Tomar sorvete.

8. Despedir-se.

9. Espirrar.

10. Tossir.

11. Pintar.

12. Acariciar.

13. Respirar.

14. Esfregar o assoalho.

15. Olhar-se no espelho.

16. Sentar-se.

17. Maquiar-se.

18. Cumprimentar.

19. Dirigir.

20. Encher uma bexiga.

12

Cálculo

Classifique os seguintes números em pares e ímpares:

4, 39, 7, 8, 1, 30, 21, 28, 17, 18, 2, 3, 5, 9, 6, 12, 15, 19, 13, 23, 29, 32, 37, 25, 20, 34, 38, 10, 11, 24, 33, 22, 16, 14.

Pares:

Ímpares:

Escreva os números pares em ordem decrescente:

Escreva os números ímpares em ordem decrescente:

13

Raciocínio

Solucione as seguintes adivinhações:

1. Um animalzinho de quatro dentes que nos traz a comida muito diligente:

2. Na entrada da sua casa algo toca quando a apertam e você sai apressado para abrir a porta:

3. Canto na beira do rio, vivo na água, não sou peixe nem cigarra:

4. Guardo no inverno, uso no verão, é meu traje na praia:

5. Tenho quatro dedos e um polegar, mas não chego a respirar:

6. No livro há várias, cada uma com uma surpresa:

7. Saímos quando anoitece, vamos embora quando canta o galo e há quem diga que nos vê quando pisam no seu calo:

8. Não são flores, mas têm plantas e odores:

9. Verde nasce, verde cresce e verde sobe nos troncos:

10. Tem ponteiros e não aponta, não se mexe, mas anda, funciona se dermos corda e marca a passagem do tempo:

11. Ao seu lado sempre está calada; sob você, é sua companhia sem cessar; não se ouve murmurar:

12. Nos banhos costumo estar, embora venha do mar:

14

Orientação

Responda às seguintes perguntas:

1. Que dia da semana é hoje?

2. Qual é a data de hoje?

3. Em que ano estamos?

4. Qual é a estação do ano?

5. Que horas são?

6. Qual é o momento do dia?

7. A que horas você costuma almoçar?

8. A que horas você costuma jantar?

9. A que horas você costuma dormir?

10. A que horas você costuma acordar?

11. Em que rua você mora?

12. Qual é o nome da cidade onde você mora?

15

Linguagem

Escreva 20 nomes de animal:

Coelho,

Escreva 20 nomes de árvore:

Abeto,

16

Atenção

Há 4 figuras não repetidas. Encontre-as e circule-as.

17

Linguagem

Escreva 20 palavras que começam com **MI**:

Mil,

Escreva 20 palavras que começam com **SO**:

Sol,

18

Atenção

Marque a figura diferente em cada linha:

19

Memória

Que pratos podemos preparar com estes ingredientes?

- Molho de tomate, cebolas médias, macarrão, muçarela ralada, azeite de oliva, louro, alho, sal e orégano:

- Feijão-preto, paio, cebolas, alho, azeite, folhas de louro, cominho em pó, costela de porco, carne-seca e lombo de porco:

- Presunto, cogumelos, massa de farinha de trigo, azeitonas-pretas, muçarela, molho de tomate e orégano:

- Frango, molho de tomate, milho-verde, caldo de frango, azeitonas, arroz, coentro, alho, cebola e sal:

- Arroz, camarões, mexilhões, mariscos, caldo de peixe, cebola, pimentão-verde, pimentão-vermelho, lula, molho de tomate, vinho branco, alho, salsa, açafrão, sal e azeite de oliva:

20

Praxia

Recorte letras e números de revistas. Forme o nome e a idade dos seus filhos. Depois, cole-os nesta página.

21

Cálculo

Verifique se a soma destes produtos, comprados no supermercado, está correta:

1 queijo curado de ovelha	2,59
1 pacote com 4 cremes de baunilha (cada um custa 0,32)	1,28
1 lata de sardinhas com azeite de oliva	0,99
1 litro de amaciante para roupas	2,25
1 litro de sabão para roupas	2,09
1 pacote com 6 latas de refrigerante (cada uma custa 0,51)	3,09
1 bandeja de costela de porco	2,89
1 bandeja de hambúrgueres de frango	2,55
150 gramas de presunto	3,27
1 quilograma de bananas	1,86
1 quilograma de pimentões-vermelhos	1,28
2 garrafas de vinho tinto (cada uma custa 2,47)	4,96
TOTAL	29,10

22

Raciocínio

Leia a seguinte fábula de Tomás de Iriarte e diga qual é a moral da história:

A RÃ E A GALINHA

Certa vez uma rã, que estava à beira da lagoa onde morava, ouviu o cacarejar de uma galinha:

– Pare! – gritou a rã. – Eu não sabia que você era assim tão desagradável! Por que tanta gritaria?

– Porque pus um ovo.

– Todo esse alvoroço por causa de um ovo?

– Um ovo, sim, minha senhora. Fica espantada comigo, mas eu não me espanto quando ouço você coaxar dia e noite. Eu estou contando ao mundo o que fiz. E você, que nada faz, cale o bico.

Moral da história:

23

Orientação

1. Desenhe no centro uma circunferência grande. Dentro dela desenhe um triângulo no centro. À direita da circunferência desenhe um coração, e à esquerda, um quadrado.

2. Desenhe no centro um quadrado grande. Dentro dele desenhe uma circunferência no centro. À direita do quadrado desenhe um rosto sorridente, e à esquerda, um triângulo.

24

Linguagem

Escreva 20 nomes de fruta:

Morango,

Escreva 20 nomes de tempero:

Salsa,

25

Atenção

Leia atentamente o seguinte poema, assinale todas as letras **R** e **L** e conte o total de cada uma:

Para meu coração basta teu peito,
para tua liberdade bastam minhas asas.
Da minha boca chegará até o céu
o que estava dormindo sobre tua alma.

Está em ti a ilusão de cada dia.
Chegas como o orvalho às corolas.
Solapas o horizonte com tua ausência.
Eternamente em fuga como a onda.

Eu disse que cantavas no vento
como os pinheiros e os mastros.
Como eles és alta e taciturna
e entristeces prontamente, como uma viagem.

Acolhedora como um velho caminho,
te povoam ecos e vozes nostálgicas.
Despertei e por vezes emigram e fogem
pássaros que dormiam em tua alma.

Pablo Neruda

26

Linguagem

Classifique as seguintes palavras na categoria correspondente: carro, nariz, mão, Rio de Janeiro, acelga, pé, alho, moto, Rio Grande do Sul, olho, alcachofra, Goiás, abóbora, Bahia, unha, trem, ônibus, couve, ombro, caminhão, braço, Pará, aspargo, pepino, umbigo, avião, Minas Gerais, Paraná, van, alface, Mato Grosso, helicóptero.

Meios de transporte

carro

Partes do corpo

Estados do Brasil

Verduras/hortaliças

27

Atenção

Observe bem todas as letras e números e responda às perguntas:

A 6 g 1 B s 3 A 14 C a l D d 5 e C 3 h
D 2 y r E 15 m F h 12 E z a w 13 F G o
a q H h 3 x l 3 4 H 1 l 1 J b 15 j d 4 b a
8 f K p 1 h 5 J K 13 w a L M 8 6 L h f
3 M f 5 N a 12 10 s a 1 O P 8 c 12 f y w
10 v 4 l O 1 4 n P h g Q 3 h f 8 14 t 5 4
a v 1 R v 3 8 5 i k Q R b S a x o c 4 T 3
h 8 m 4 S t 7 j T a q f 10 U 15 W 1 U 8
W 1 3 V 6 f 1 9 Y 5 Z p 14 Y Z a n X 1
10 z X u 15 i V 11 6 V 10 K 1 6 a f n f
13 1 T M 6 A y 15 f 8 1 10 P H 3 J h d

Que letras maiúsculas NÃO estão repetidas?

Que letras minúsculas NÃO estão repetidas?

Que números NÃO estão repetidos?

28

Linguagem

Escreva 20 palavras que começam com **TI**:

Tio,

Escreva 20 palavras que começam com **FE**:

Fel,

29

Memória

Escreva a palavra adequada a cada definição:

1. Fêmea do touro:

2. Árvore da família das abietáceas, de tronco elevado, reto, resinoso e folhas persistentes em forma de agulha, cujo fruto é a pinha e cuja semente é o pinhão, e da qual existem várias espécies:

3. Aro de metal ou outro material, liso ou em relevo, com ou sem pérolas e pedras preciosas, usado principalmente como adorno nos dedos da mão:

4. Instrumento que serve para medir a temperatura:

5. Utensílio que, sobre um pedestal, serve de suporte a uma ou várias lâmpadas:

6. Bebida alcóolica fabricada com sumo de uvas cozido por fermentação:

7. Primeira refeição do dia, geralmente rápida, que se faz pela manhã:

8. Mamífero doméstico da família dos canídeos, de tamanho, forma e pelo muito diversos de acordo com as raças, com olfato apurado, muito inteligente e leal ao homem:

(Real Academia Española. *Diccionario de la Lengua Española.*)
Atenção

30

Encontre os números que faltam de 11 a 90. Ao encontrá-los, escreva-os nos espaços em branco. Será mais fácil começar procurando os números em ordem: primeiro procure o 11, depois o 12 etc. até encontrar os que faltam.

33	80	44	21	63	37	48	26
86	29	72	65	81	73	79	15
57	14	52	35	11	30	39	61
27	17	82	28	54	70	60	90
58	18	45	87	66	59	49	77
89	34	74	50	68	23	40	16
22	67	12	71	36	83	75	32
43	64	38	46	88	13	20	62
53	85	42	76	24	56	41	51

Linguagem

31

Encontre as 12 palavras que contêm erro de grafia e escreva-as corretamente:

ALFACE	OSSO	DEDO	ORÓSCOPO	ANEL
BÊNSSÃO	NEVE	SERTEZA	CAMINHO	PESCOÇO
XUXU	ASNO	SEGUNDA-FEIRA	PERDÃO	ASUL
CORDA	CAPITAL	CARRO	REALISAR	PÉROLA
MENINA	TIJELA	MIL	VOZ	MÁSCARA
IDRANTE	MARROM	AVEÇO	PAINEL	PELO
BRANCO	MASSÃ	NEGRO	RELÓJIO	FACÍNIO
CACHORRO	LIVRO	CASCO	GATO	DEDAL

1

2

3

4

5

6

7

8

9

10

11

12

32

Atenção

Substitua os números pelas letras e descubra frases:

1 = A 2 = E 3 = I 4 = O 5 = U

1Z5L 2 M3NH1 C4R F1V4R3T1.

N4 M2S P1SS1D4 Q52BR23 1 P2RN1.

M3NH1 F3LH1 F1Z 1N3V2RS1R34 2M 1BR3L.

S13R23 D2 F2R31S N1 S2M1N1 Q52 V2M.

4 M1R 2ST1V1 C1LM4 2 2L1 D4RM35.

N1 Q53NT1-F23R1 V45 14 C3N2M1 C4M M25 C5NH1D4 T4M1S.

4 L1DR14 2NTR45 P2L1 J1N2L1 2 R45B45 1S J431S.

33

Memória

A seguir você verá palavras diferentes. Leia uma de cada vez e, sem olhar, soletre-as (diga as letras que compõem a palavra em ordem).

Exemplo: PÃO
As letras que compõem esta palavra são: P-Ã-O

1. CAMA

2. MASSA

3. CARTA

4. ALMA

5. ABAIXO

6. BOLSA

7. CABRA

8. NORA

9. PADRE

10. CANTAR

11. CANAL

12. IGUAL

13. OLHAR

14. BARRIL

15. AZEITE

16. MINGUAR

17. POLIDO

18. NOVATO

19. ITÁLIA

20. PULMÃO

34

Praxia

Represente as seguintes ações com mímica (gestos):

1. Tomar banho.

2. Jogar tênis.

3. Bater um ovo.

4. Vestir uma calça.

5. Chorar.

6. Ler um livro.

7. Ordenhar uma vaca.

8. Atirar com uma pistola.

9. Pregar um prego.

10. Amarrar os cadarços dos sapatos.

11. Vestir uma camisa.

12. Andar em cadeira de rodas.

13. Escovar os dentes.

14. Esquiar.

15. Secar-se com uma toalha.

16. Barbear-se.

17. Remar.

18. Serrar.

19. Andar de bicicleta.

20. Pular corda.

35

Orientação

1. Desenhe à esquerda um coração e à direita uma seta apontando para baixo. No centro, escreva o número 100. Abaixo do segundo zero desenhe um triângulo e acima dele a letra A.

2. Desenhe à direita dois triângulos e acima deles, no centro, uma circunferência. No centro do papel, desenhe um quadrado grande com dois rostos sorridentes dentro. À esquerda, desenhe um pentágono e abaixo dele o número 8.

36

Cálculo

Classifique os seguintes números em pares e ímpares:

8, 15, 21, 32, 7, 5, 40, 49, 16, 3, 22, 37, 50, 38, 42, 17, 10, 2, 55, 41, 18, 43, 20, 23, 51, 19, 24, 30, 33, 44, 52, 57, 25, 31.

Pares:

Ímpares:

Escreva os números pares em ordem decrescente:

Escreva os números ímpares em ordem decrescente:

37

Linguagem

Escreva 20 acessórios de vestuário:

Lenço,

Escreva 20 raças de animal:

Husky,

38

Atenção

Leia atentamente o seguinte poema, assinale todas as letras **U** e **S** e conte o total de cada uma:

Menina morena e ágil, o sol que faz as frutas,
o que amadurece os trigos, o que torce as algas,
fez teu corpo alegre, teus luminosos olhos
e tua boca que tem o sorriso da água.

Um sol negro e ansioso se enrola nos fios
da negra melena, quando estiras os braços.
Tu brincas com o sol como com um esteiro
e ele te deixa nos olhos dois escuros remansos.

Menina morena e ágil, nada a ti me aproxima.
Tudo de ti me afasta, como do meio-dia.
És a delirante juventude da abelha,
a embriaguez da onda, a força da espiga.

Meu coração sombrio te busca, sem embargo,
e amo teu corpo alegre, tua voz solta e delgada.
Borboleta morena doce e definitiva
como o trigal e o sol, a papoula e a água.

Pablo Neruda

39

Linguagem

Crie colunas com categorias que classifiquem as palavras seguintes e depois escreva as palavras correspondentes abaixo de cada coluna:

Pinça, lilás, macarrão, azul, Fortaleza, Manaus, frango, salada, chave-de-fenda, turquesa, alicate, machado, Espírito Santo, sopa, broca, Santa Catarina, espaguete, fita métrica, São Paulo, amarela, branca, Alagoas, *paella*, martelo, Amazonas, verde, chave-inglesa, Recife, rosa, grão-de-bico, preta, gaspacho.

40

Memória

Os seguintes ditados têm erros. Verifique quais são e escreva-os corretamente:

Quem tudo quer tudo tem:

Casa de ferreiro, espeto de metal:

Se a vida der uma laranja, faça uma laranjada:

Pau que nasce reto morre reto:

Quem não tem raposa caça com rato:

Peixe morre pelo rabo:

A palavras loucas, ouvidos loucos:

Três cabeças pensam melhor do que duas:

Ninguém ajuda a quem cedo madruga:

Pouco barulho por nada:

A esperança é a primeira que morre:

A corda sempre arrebenta do lado mais forte:

41

Praxia

Desenhe as seguintes figuras nos espaços correspondentes:

Desenhe um ☐ nos espaços A-3, B-5 e E-2.
Desenhe um ◯ nos espaços C-5, B-I e F-I.
Desenhe uma ☆ nos espaços B-2, F-5 e D-3.
Desenhe um △ nos espaços C-I, F-3 e E-4.

	A	B	C	D	E	F
1						
2						
3						
4						
5						

42

Cálculo

Preencha com o número que falta:

18 + = 25	28 + = 43
21 + = 29	17 + = 25
14 + = 23	15 + = 28
25 + = 35	58 + = 67
38 + = 49	63 + = 83
11 + = 24	21 + = 37
27 + = 42	79 + = 91
81 + = 91	33 + = 42
44 + = 53	24 + = 36
31 + = 43	82 + = 95
77 + = 85	93 + = 104
46 + = 58	75 + = 83

43

Linguagem

Relacione com linhas cada palavra ao seu ANTÔNIMO (palavra que significa o contrário):

FRIO	BAIXO
PERTO	SUJO
PRETO	BOM
LIMPO	POBRE
PRIMEIRO	CALOR
RICO	GORDO
IGUAL	LONGE
ALTO	NOITE
ODIAR	TRISTE
MAGRO	BRANCO
RÁPIDO	PEQUENO
MAU	DIFERENTE
GRANDE	CHATO
ALEGRE	ÚLTIMO
DIVERTIDO	LENTO
DIA	AMAR

44

Atenção

Substitua os números pelas letras e descubra frases:

1 = E   2 = U   3 = O   4 = I   5 = A

3 B5RC3 45 CH143 DI P5SS5GI4R3S.

N5 TIRÇ5-FI4R5 TINH3 52L5 DI P45N3.

V32 T3M5R C5FI C3M 2M5S 5M4G5S.

M4NH5 F4LH5 M54S VILH5 F34 5PR3V5D5.

G3ST3 DI S3RVITI DI B52N4LH5.

53 MI43-D45 V32 53 C5BILI4RI4R3.

RICIB4 2M5 INC3MIND5 D5 ISP5NH5.

45

Raciocínio

Leia a seguinte fábula de Tomás de Iriarte e diga qual é a moral da história:

OS DOIS COELHOS

Pela mata, seguidos por cães – não direi corria – voava um coelho. De sua toca saiu-lhe ao encontro um companheiro e lhe disse: "Amigo, o que é isso?" "O que há de ser? – responde. Sem alento chego... dois galgos malvados estão me seguindo." "Sim – responde o outro. Lá vêm, eu os vejo... mas não são galgos." "São o quê?" "Podengos." "O quê? Podengos? Eu já sou mais velho. São malditos galgos, eu os vejo bem." "São podengos, você não sabe nada." "São galgos, estou falando." "Pois eu digo que são podengos." E nessa disputa chegam os cães e pegam os meus dois coelhos descuidados. Quem por questões de pouco momento deixa o que importa, tome este exemplo.

Moral da história:

46

Linguagem

Escreva 20 tipos de estabelecimento comercial:

Quitanda,

Escreva 20 nomes de pedra preciosa:

Esmeralda,

47

Orientação

Descreva da melhor forma possível o trajeto que você faz da sua casa para:

- Ir ao supermercado.

- Ir ao banco.

- Ir ao posto de saúde.

- Ir à peixaria.

48

Atenção

Conte o número de figuras:

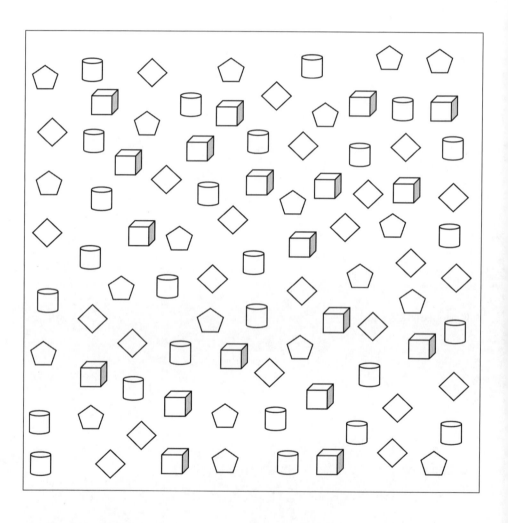

49

Linguagem

Crie colunas com categorias que classifiquem as palavras seguintes e depois escreva as palavras correspondentes abaixo de cada coluna:

Barbosa, cafeteira, Itália, liquidificador, Fagner, Dias, Estônia, Beatles, Roberto Carlos, Grécia, Lopes, Sanches, lava-louças, Espanha, Fernandes, espremedor, Caetano Veloso, Cruz, França, batedeira, fritadeira, Martins, Frank Sinatra, secadora, Alemanha, Garcia, Bélgica, Elvis Presley, micro-ondas, Milton Nascimento, Gilberto Gil, Polônia.

50

Atenção

Quantas vezes cada palavra se repete?

REINO	LEITE	LAÇO	PAPEL	PENTE	LAÇO
CADEIRA	PENTE	SEGUNDA-FEIRA	REINO	LEITE	PAPEL
SEGUNDA-FEIRA	DENTE	LEITE	CADEIRA	MELANCIA	PENTE
PAPEL	LEITE	MELANCIA	LAÇO	DENTE	SEGUNDA-FEIRA
PENTE	PAPEL	LAÇO	LEITE	PENTE	REINO
MELANCIA	REINO	CADEIRA	DENTE	CADEIRA	MELANCIA
LAÇO	CADEIRA	FÚRIA	REINO	FÚRIA	LAÇO
PAPEL	FÚRIA	PENTE	MELANCIA	PAPEL	FÚRIA
REINO	LEITE	FÚRIA	LAÇO	FÚRIA	REINO
CADEIRA	REINO	CADEIRA	DENTE	SEGUNDA-FEIRA	CADEIRA
REINO	SEGUNDA-FEIRA	FÚRIA	REINO	PENTE	LEITE
PENTE	MELANCIA	LAÇO	SEGUNDA-FEIRA	DENTE	MELANCIA
CADEIRA	PAPEL	LEITE	PAPEL	CADEIRA	LAÇO

REINO: MELANCIA:

CADEIRA: LAÇO:

SEGUNDA-FEIRA: LEITE:

PAPEL: DENTE:

PENTE: FÚRIA:

51

Memória

A seguir você verá palavras diferentes. Leia uma de cada vez e, sem olhar, sole-tre-as (diga as letras que compõem a palavra em ordem).

Exemplo: PÃO

As letras que compõem esta palavra são: P-Ã-O

1. VOO	11. PELVE
2. TORPE	12. ALFAIATE
3. CALAR	13. MANTEIGA
4. ACHAR	14. INFELIZ
5. SAGRADO	15. OXIGÊNIO
6. FONEMA	16. SECADOR
7. GUARDA	17. INFLUIR
8. LADEIRA	18. CUIDADO
9. ONDULAR	19. CURSIVA
10. MAÇANETA	20. GOLPEAR

Linguagem

Escreva 20 palavras que começam com **AR**:

Arca,

Escreva 20 palavras que começam com **RE**:

Reto,

53

Memória

Que pratos podemos preparar com estes ingredientes?

- Carne, batatas, cenouras, tomates, cebolas, vinho tinto, caldo-de-carne, azeite de oliva, sal, ervilha, pimenta e alho:

- Coxas de frango, batatas, cebolas, pimentão verde, vinho branco, louro, alho, tomilho, pimenta, sal e azeite de oliva:

- Ovos cozidos, peito de frango, leite, manteiga, cebola, farinha, azeite de oliva, sal, noz-moscada e pão ralado:

- Ovos, sal, presunto, queijo e cheiro-verde:

- Carne-seca, peito bovino, linguiça calabresa, paio, bacon, batata, mandioca, chuchu, banana-da-terra, cenoura, cebolas, tomate, pimentão verde, couve, louro e alho:

54

Atenção

Substitua os números pelas letras e descubra frases:

I = A   2 = M   3 = I   4 = E   5 = P   6 = U   7 = O

23NHI 2I4 D3SS4 Q64 V3RI D4573S D4 I2INHI.

23NHI 5R32I T42 TR4S F3LHIS 4 D73S N4T7S.

S425R4 C7ST627 S4R 263T7 57S3T3VI 42 T6D7.

7 5I3 DI N73VI 4STIVI 263T7 N4RV7S7.

N6NCI S4 C7NH4C4 ILG642 57R 3NT43R7.

7 5I54L 4STIVI 42 BRINC7 4 4LI 26DI.

54DR7 GR3T76 B42 F7RT4 5IRI Q64 7 4SC6TISS42.

55

Linguagem

Entre todas estas palavras podemos formar 11 palavras compostas. Encontre-as e escreva-as no final da página:

GUARDA	RODA	ABRE	CABEÇA	FLOR
MIL	ARCO	QUENTE	VIRA	FOLHAS
BEIJA	SOL	ROLHAS	DURA	MEIO
COSTAS	DIA	CHAVES	AR	CAMPO
SACA	AZUL	**CHUVA**	CONDICIONADO	TÚNEL
LATA	QUEBRA	CACHORRO	ÍRIS	COLHER
MIRA	ROUPA	QUASE	LIVROS	BOLO
AVE	TERNO	TORTO	ALAS	VIVA

As palavras compostas são: guarda-chuva,

56

Memória

Os seguintes ditados têm erro. Verifique quais são e escreva-os corretamente:

O inseguro morreu de velho.

Conto o nome do santo, mas não digo o milagre.

Gosto se discute.

Sempre há uma última vez.

Quem com ferro fere, com aço será ferido.

É o olho do dono que enfraquece o porco.

A impaciência é amarga, mas seu fruto é doce.

Nada vale um pássaro na mão, e sim dois voando.

A cavalo comprado não se olham os dentes.

Sempre deixe para amanhã o que se pode fazer hoje.

Sua alma, sua calma.

Não há nada que sempre dure nem mal que nunca se acabe.

57

Praxia

Recorte letras e números de revistas. Forme o nome de dois dos seus cantores e dois dos seus atores favoritos. Depois, cole-os nesta página.

58

Linguagem

Escreva 20 nomes de profissionais de um hospital:

Enfermeiro,

Escreva 20 nomes de atrações de um parque de diversões:

Roda-gigante,

59

Cálculo

Verifique se o total destes produtos comprados no supermercado está correto:

3 caixas de *pizza* (cada uma custa 2,89)	8,73
1 pacote de café descafeinado	2,35
2 tabletes de caldo de frango (cada um custa 2,15)	4,30
1 caixa de cereais integrais	2,49
2 garrafas de azeite de oliva (cada uma custa 3,27)	6,67
1 pacote de macarrão	0,79
2 latas de molho de tomate (cada uma custa 0,75)	1,55
1 caixa de biscoitos de chocolate	1,68
500 mililitros de colônia para bebê	2,77
2 garrafas com 8 litros de água (cada uma custa 0,89)	1,78
1 sacola de tangerinas	1,24
3 bandejas de cogumelos (cada uma custa 0,99)	2,99
TOTAL	37,34

60

Atenção

Observe bem todas as letras e números e depois responda às perguntas:

A g 1 2 r A c m 9 12 1 w 6 q B A i u A
B x 2 f s B w e m B q C 6 13 5 D b R w
Y 14 1 X D E F c F c D 8 A G x 15 h G
2 l 1 H g 9 5 f H A l 13 p Q d 7 l v 2 J
10 k p J K z H 6 F K B l 13 K l L q 2 F
5 L 9 A u H a 1 M o 1 n 5 z 13 T z M s
N 3 V 6 t p 1 G e 7 N l 4 b A D N 7 l J
14 e B r M N 10 A O i L D 2 i v 11 x D
S P 10 g P Q J f b Q R d R 2 S y r 14 S
P T d j 6 s T 4 G 7 U k m U j o V 10 y
B l 9 V 5 A W 9 X F 11 j X 6 y Y N l k
Y O u o 13 F v 1 A Z w 6 11 D y 4 l N v

Que letras maiúsculas NÃO estão repetidas?

Que letras minúsculas NÃO estão repetidas?

Que números NÃO estão repetidos?

61

Orientação

1. Desenhe no centro uma seta apontando para a direita. À esquerda, escreva o número 1008, e acima do 8 desenhe um coração. Abaixo do primeiro 0 desenhe um triângulo. À direita do papel desenhe três sóis, e abaixo do último, o número 50.

2. Desenhe à direita duas circunferências, e dentro delas um quadrado. No centro do papel desenhe um rosto sorridente, e abaixo, dois triângulos. À esquerda, escreva o número 84731. Acima do 4 desenhe um quadrado, e abaixo do 1 uma seta apontando para baixo.

62

Raciocínio

Solucione as seguintes adivinhações:

1. Uma caixa no teu prédio que te levanta e te abaixa:

2. Casa tem no início, socar tem na metade e amanhecer tem quase no final:

3. Tenho pernas, mas não ando; tenho braços, mas não abraço.

4. Bonito de frente, feio atrás; transformo-me a cada instante porque imito os demais:

5. Tronco de bronze, folhas de esmeralda, fruto de ouro, flores de prata:

6. Levo dinheiro, mas não sou banqueiro; papel ou metal, para mim é tudo igual:

7. Tenho oito letras, mas se você tirar quatro, continuo com oito:

8. O gafanhoto traz na frente e a pulga traz atrás:

9. Fico cheio de boca para baixo e vazio de boca para cima:

10. Trabalho todos os dias sem sair do lugar:

63

Linguagem

Encontre as 12 palavras que contêm erro de grafia e depois escreva-as corretamente:

RETO	FOUGA	GRÃO	VASIO	COMPRA
FEXAR	PESSOA	BARCO	DIVERSO	LOMBO
MÃO	GENRO	FAIXA	BAROCO	MANDAR
ADIVERTIR	JUIZ	RASÃO	TÓRRIDAS	DESONRRA
SETA	GRUNIR	NINGUÉM	CEMÁFORO	DELÍCIA
AÇOUGUE	OXIGÊNIO	GARRAFA	MAESTRO	REI
HÓPIO	CLIENTE	MEDO	MAÇO	DEZABAFO
QUEIJO	HOJE	ÓSSEO	PROGEÇÃO	ATRIZ

1

2

3

4

5

6

7

8

9

10

11

12

64

Atenção

Conte o número de figuras:

$\triangle$ = $\square$ = G = C =

65

Memória

Os seguintes ditados têm erro. Verifique quais são e escreva-os corretamente:

Em boca fechada entra mosca:

A mau entendedor meia palavra basta:

A mentira tem perna longa:

Quem avisa inimigo é:

Quem cala discorda:

Nem tudo que reluz é prata:

É possível agradar a todos:

A ocasião faz o sábio:

A curiosidade matou o rato:

A desunião faz a força:

Vaso bom não quebra:

Águas passadas movem moinhos:

66

Linguagem

Escreva 20 palavras que começam com **DA**:

Dança,

Escreva 20 palavras que começam com **ER**:

Era,

67

Orientação

Descreva da melhor forma possível o trajeto que você faz da sua casa para:

- Ir ao cabeleireiro.

- Ir à feira.

- Ir à casa do(a) seu(sua) filho(a).

- Ir à quitanda.

68

Linguagem

Relacione com linhas cada palavra ao seu ANTÔNIMO (palavra que significa o contrário):

SUBIR	MACIO
ABAIXO	GANHOS
CURTO	MODERNO
MOLHADO	PERGUNTA
ANTIGO	INTERIOR
NUNCA	PIOR
VALENTE	DESCER
DURO	SECO
PAZ	SEMPRE
MELHOR	INIMIGO
PERDAS	ENTRADA
SAÍDA	GUERRA
RESPOSTA	LONGO
FINAL	ACIMA
AMIGO	COVARDE
EXTERIOR	PRINCÍPIO

69

Atenção

Quantas vezes cada palavra se repete?

COMIA	MENTIA	SAÍA	SUBIA	COSIA	DIZIA
SUBIA	HAVIA	ABRIA	BEBIA	HAVIA	SUBIA
SAÍA	COMIA	VIVIA	MENTIA	ABRIA	VIVIA
DIZIA	COSIA	HAVIA	SUBIA	BEBIA	MENTIA
ABRIA	BEBIA	DIZIA	HAVIA	COMIA	DIZIA
COMIA	SUBIA	VIVIA	COSIA	SAÍA	COSIA
COSIA	VIVIA	BEBIA	VIVIA	BEBIA	SUBIA
MENTIA	DIZIA	COMIA	ABRIA	MENTIA	SAÍA
VIVIA	HAVIA	MENTIA	SAÍA	COSIA	VIVIA
ABRIA	SUBIA	SAÍA	BEBIA	HAVIA	COMIA
COMIA	COSIA	COMIA	DIZIA	SUBIA	VIVIA
SAÍA	BEBIA	HAVIA	BEBIA	HAVIA	ABRIA
DIZIA	COMIA	ABRIA	COMIA	VIVIA	SUBIA

COMIA: DIZIA:

MENTIA: HAVIA:

SAÍA: ABRIA:

SUBIA: BEBIA:

COSIA: VIVIA:

70

Praxia

Represente as seguintes ações com mímica (gestos):

1. Lavar as mãos.

2. Mostrar a língua.

3. Passar perfume.

4. Conduzir uma moto.

5. Bocejar.

6. Colocar luvas.

7. Piscar um olho.

8. Fazer ginástica.

9. Colocar óculos.

10. Vestir um suéter.

11. Abrir uma noz.

12. Levantar uma persiana.

13. Ninar um bebê.

14. Escrever.

15. Abrir as cortinas.

16. Datilografar.

17. Lavar a louça.

18. Utilizar uma calculadora.

19. Espremer uma laranja.

20. Colocar um colar.

71

Cálculo

Complete as seguintes séries numéricas:

| 1 | 3 | | 7 | | | | 15 | 17 | |

| 5 | | 11 | | | 20 | 23 | | 29 | |

| 3 | | 11 | | 23 | | | 35 | 39 |

| 13 | | | 22 | | 28 | 31 | | | 40 |

| 19 | | | 34 | | 44 | | | 59 | 64 |

| 32 | | 46 | 53 | | | | 81 | | 95 |

72

Linguagem

Entre todas estas palavras podemos formar 13 palavras compostas. Encontre-as e escreva-as no final da página:

CASACA	ÁGUA	ORGANISMO	BEM	PALAVRA
MICRO	BRISA	PÓS	ONDAS	NÍQUEL
BATE	GRADUAÇÃO	CHAVE	PORTA	PRIMA
BOCA	OBRA	ÔNIBUS	BANDEIRA	MEIO
VIVA	AVIÕES	JOIAS	VAGA	CAÇA
LÁPIS	VIRA	ERVA	LUVAS	VOZ
VINDO	MALAS	MOEDAS	PAPO	RETRATOS
FIO	TOALHAS	LUME	PARA	DOCE

As palavras compostas são: água-viva,

73

Atenção

Substitua os números pelas letras e descubra frases:

1 = I   2 = R   3 = O   4 = U   5 = E   6 = L   7 = A

N7D7 C3M3 2I2 S5M P7272

3S C727C3IS S75M D5P3IS D7 CH4V7

N7 Q472T7-F5I27 V7M3S P727 B72C5L3N7

5 B3M C3M52 V52D427S 5 F24T7S T3D3S 3S DI7S

5L5 S7I4 C3225ND3, M7S N73 7 76C7NÇ34

5M D5Z5MB23 7C7B7M 7S 7467S 5 C3M5Ç7 3 V5273

M54 CH5F5 M5 CH7M34 P727 4M7 254NI73 7 T72D5

74

Memória

Leia atentamente o texto seguinte. Na próxima página você terá de responder a uma série de perguntas relacionadas (sem olhar o parágrafo):

No sábado, 15 de maio, Janaína vai viajar para Roma com seu marido, José. Eles ganharam essa viagem num sorteio de rádio, que consistia em telefonar e responder à pergunta do dia. Vão pegar o avião às 8 horas da manhã em São Paulo e chegarão a Roma por volta das 7 horas da noite. Então vão pegar um ônibus até o hotel 3 estrelas, também pago pelo programa. Estão muito animados porque não viajam há 7 anos. A estada será de 6 dias, com um programa de atividades e excursões planejadas.

Janaína fez 66 anos na última segunda-feira e José fará 68 anos em abril. Os dois são aposentados.

Responda às perguntas:

1. Que dia vão viajar?

2. Qual é o nome da esposa?

3. Qual é o nome do marido?

4. Como ganharam a viagem?

5. A que horas o avião sai de São Paulo?

6. A que horas chegam a Roma?

7. Quantas estrelas tem o hotel onde vão se hospedar?

8. Não viajam há quantos anos?

9. Quantos dias ficarão em Roma?

10. Quais é a idade deles?

75

Linguagem

Escreva uma breve história com as palavras seguintes:

Exemplo: Beira-mar – Azul – Lua – Paisagem

Caminhei à *beira-mar* e contemplei o mar *azul* enquanto a *lua* brilhava; uma *paisagem* belíssima.

Dormir – História – Neta – Sesta:

Domingo – Montanha – Primas – Barraca:

Perfume – Natal – Rosas – Cunhada:

Sala de jantar – Cadeira – Colher – Noite:

Parque – Areia – Crianças – Balde:

76

Orientação

1. Desenhe à esquerda um quadrado e divida-o em dois. No centro do papel escreva o número 8420. Abaixo do 0 desenhe uma cruz. À direita, desenhe dois sóis. Acima do primeiro sol escreva o número 45, e abaixo do segundo sol, um coração e um pentágono.

2. Desenhe um quadrado grande no centro. Divida-o em quatro partes. Na primeira delas desenhe um coração, um asterisco e o número 8. Na terceira desenhe um rosto sorridente, um triângulo e o número 003. À esquerda do papel desenhe um pentágono, e à direita, um triângulo.

Atenção

Há 4 figuras não repetidas. Encontre-as e circule-as.

78

Memória

Que pratos podemos preparar com estes ingredientes?

- Tomates, pimentão verde, pimentão vermelho, pepino, cebola, dente de alho, pão dormido sem casca, sal, azeite de oliva e vinagre:

- Peito de frango cozido e desfiado, cenouras raladas, ervilha, milho-verde, uva--passa, maçã, maionese, cheiro-verde e batata-palha:

- Pão, salsicha, cebola, tomate, pimentão e extrato de tomate:

- Camarão, azeite, alho, cebola, tomates, sal, pimenta-do-reino, creme de leite, requeijão cremoso e abóbora-moranga:

- Carne moída, ovos, farinha de rosca, cebola, sal, pimenta, alho, óleo e molho de tomate:

79

Linguagem

Escreva 20 palavras de **4 letras** que começam com **A**:

Ação,

Escreva 20 palavras de **4 letras** que começam com **G**:

Gafe,

80

Praxia

Recorte letras e números de revistas. Forme a seguinte frase e cole-a nesta página:

Rebeca é uma menina de 10 anos muito alegre, e
vive com seus pais e avós.

81

Atenção

Marque a figura diferente em cada linha:

♍	♍	♍	♍	♍	♏	♍	♍	♍	♍
♑	♑	♑	♍	♑	♑	♑	♑	♑	♑
♏	♏	♏	♏	♏	♏	♏	♏	♍	♏
⚑	⚑	⚑	⚑	⚐	⚑	⚑	⚑	⚑	⚑
⊠	⊠	⊠	⊠	⊠	⊠	⌃	⊠	⊠	⊠
⊙	O	⊙	⊙	⊙	⊙	⊙	⊙	⊙	⊙
◖	◑	◐	◑	◯	◑	◑	◐	◯	◯
◎	◎	◎	◎	◎	◖	◎	◎	◎	◎
✧	✧	✧	✧	✡	✧	✧	✧	✧	✧
✡	✡	✡	✡	✡	✡	✡	✧	✡	✡
⊕	⊕	⊕	⊕	⊕	⊕	⊕	⊕	⊕	⊕
▤	▤	▤	▤	▤	▤	▤	▤	▤	▤
⊕	⊕	⊕	⊕	⊕	⊕	⊕	⊕	⊕	⊕
▤	▤	▤	▤	▤	▤	▤	▤	▤	▤
✂	✂	✂	✂	✂	✂	✂	✂	✂	✂
✉	✉	✉	✉	✉	✉	✉	✉	✉	✉
✂	✂	✂	✂	✂	✂	✂	✂	✂	✂
✉	✉	✉	✉	✉	✉	✉	✉	✉	✉

82

Cálculo

Classifique os seguintes números em pares e ímpares:

23, 32, 47, 26, 81, 93, 55, 22, 67, 52, 31, 18, 44, 65, 80, 92, 97, 30, 29, 8, 16, 7, 69, 77, 86, 98, 56, 78, 12, 48, 37, 66, 54.

Pares:

Ímpares:

Escreva os números pares em ordem decrescente:

Escreva os números ímpares em ordem decrescente:

83

Linguagem

Escreva 20 palavras de **4 letras** que começam com **M**:

Mago,

Escreva 20 palavras de **4 letras** que começam com **P**:

Pera,

84

Memória

Os seguintes ditados têm erro. Verifique quais são e escreva-os corretamente.

Antes cedo do que nunca.

Quem pariu Mateus que o abandone.

Aqui se dá, aqui se paga.

Cão que ladra, morde.

Não há pior inimigo do que um amigo leal.

O amor e a morte vencem o mais fraco.

Cada sábio com sua mania.

Quem corre por gosto cansa.

É melhor ousar do que remediar.

Amor com ódio se paga.

Nada como um dia antes do outro.

O hábito faz o monge.

85

Atenção

Leia atentamente o seguinte poema, assinale todas as letras **E** e **N** e conte o total
de cada uma:

No meu céu ao crepúsculo és como uma nuvem
e tua cor e forma são como as quero.
És minha, és minha, mulher de lábios doces
e vivem em tua vida meus infinitos sonhos.

A lâmpada da minha alma enrubesce-te os pés,
o acre vinho meu é mais doce em teus lábios:
Ó ceifadora de minha canção ao entardecer,
como te sentem minha meus sonhos solitários!

És minha, és minha, vou gritando na brisa
da tarde, e o vento arrasta a minha voz viúva.
Caçadora do fundo de meus olhos, teu roubo
estanca como a água o teu olhar noturno.

Na rede de minha música estás presa, amor meu,
e minhas redes de música são largas como o céu.
Minha alma nasce à beira de teus olhos de luto.
Em teus olhos de luto começa o país do sonho.

Pablo Neruda

86

Raciocínio

Leia a seguinte fábula de Jean de la Fontaine e depois diga qual é a moral da história:

O SOL E AS RÃS

As rãs decidiram se reunir. Estavam muito assustadas. O Sol havia dito que ia mudar sua conduta. Que somente aqueceria a Terra durante seis meses do ano, e os outros seriam de escuridão e frio.

"O que será de nós?", questionavam consternadas. "Secarão os pântanos, os rios... Não poderemos deitar e nos aquecer. Desaparecerão os insetos que nos alimentam. Não é justo! Temos que protestar seriamente!"

Elevaram seus clamores, e então uma voz lhes respondeu: "Somente por vocês... pelo seu bem-estar, desejam que o Sol continue iluminando e aquecendo a Terra o ano inteiro?" "E por que deveríamos desejar por alguém mais?", responderam surpresas.

Moral da história:

87

Linguagem

Encontre as 12 palavras que contêm erro de grafia e depois escreva-as corretamente:

REGAR	VÍDEO	OJE	CONJECTURA	SESTA
FASENDA	CARREIRA	ZORRO	SUPÉRFULO	INVESTIR
CAQUI	SERMÃO	ASINALAR	LINHA	VIRTUDE
IMPENHO	ASTERISCO	BICARBONATO	RECURSO	BENEFICIENTE
ORELHA	CHÁ	PREVILÉGIO	ÓPERA	MANTA
LOSÂNGULO	INTRIGA	LICOR	REINVINDICAR	PASSO
REFUGIAR	IMPECILHO	SÉCULO	HÓSTIA	DEGLADIAR
EMPREGADO	TEMPO	ENGENDRAR	NARIS	TAXISTA
CACHORRO	LIVRO	CASCO	GATO	DEDAL

1   7

2   8

3   9

4   10

5   11

6   12

88

Praxia

Represente as seguintes ações com mímica (gestos):

1. Abrir uma lata.

2. Escalar.

3. Jogar cartas.

4. Fazer massagem.

5. Dançar valsa.

6. Pintar a parede.

7. Montar a cavalo.

8. Zangar-se.

9. Encolher-se de frio.

10. Fazer uma trança.

11. Fazer careta.

12. Comer com palitinhos japoneses.

13. Surfar.

14. Sambar.

15. Caçar.

16. Jogar basquete.

17. Molhar-se.

18. Acender uma fogueira.

19. Esconder-se.

20. Dançar balé.

89

Atenção

Conte o número de figuras:

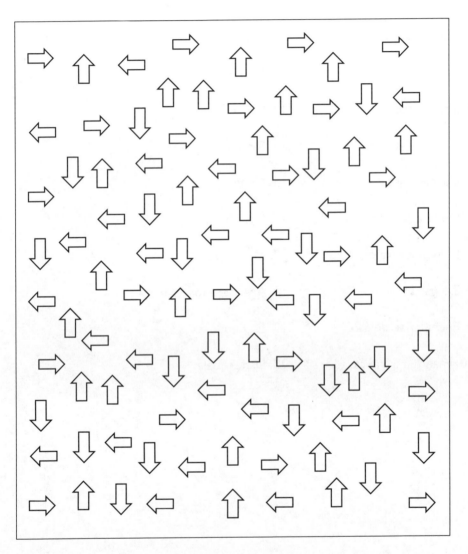

⇨ =   ⇦ =   ⇧ =   ⇩ =

90

Cálculo

Verifique se a soma destes produtos, comprados no supermercado, está correta:

2 iogurtes gregos (cada um custa 1,19)	2,38
3 pacotes de espaguete (cada um custa 0,72)	2,23
3 latas de atum (cada uma custa 1,04)	3,16
1 litro de leite integral	0,89
150 gramas de manteiga	1,85
4 *croissants* de chocolate (cada um custa 0,82)	3,32
2 pães franceses (cada um custa 1,05)	2,10
150 gramas de mortadela	1,17
1 bandeja de salmão	4,27
1 bandeja de camarões	6,39
3 latas de milho (cada uma custa 0,73)	2,23
4 pacotes de arroz (cada um custa 0,62)	2,49
TOTAL	32,48

91

Linguagem

Relacione com linhas cada palavra ao seu SINÔNIMO (palavras com o mesmo significado):

COMEÇAR	PRESENTE
DANÇA	ESTUDANTE
ÓCULOS	NUNCA
PELO	FRAGRÂNCIA
ALUNO	INICIAR
SALTAR	PULAR
LEAL	ACABAR
AROMA	ÉBRIO
VELOZ	RÁPIDO
LEMBRANÇA	BAILADO
TERMINAR	AGITAR
JAMAIS	PENUGEM
SACUDIR	FIEL
CURAR	LENTES
VOLTAR	SANAR
BÊBADO	REGRESSAR

92

Memória

Que pratos podemos preparar com estes ingredientes?

- Pão, leite, leite condensado, ovos batidos, canela em pó, açúcar e óleo:

- Farinha, manteiga, ovo, leite, essência de baunilha, purê de maçã, canela em pó, açúcar e fermento:

- Leite, ovos, farinha de trigo, fermento em pó e óleo:

- Manteiga sem sal, biscoito, ricota sem sal ou *cream cheese*, leite condensado, açúcar refinado, açúcar de baunilha, raspa da casca de 2 limões, ovos, gelatina sem sabor, água e morangos:

- Farinha, leite, água, clara de ovo, sal, açúcar, azeite de oliva e chocolate:

93

Atenção

Leia atentamente o seguinte poema, assinale todas as letras **I** e **A** e conte o total de cada uma:

Te recordo como eras no último outono.
Eras a boina gris e o coração em calma.
Em teus olhos pelejavam as chamas do crepúsculo.
E as folhas caíam na água de tua alma.

Apegada a meus braços como uma trepadeira,
as folhas recolhiam tua voz lenta e em calma.
Fogueira de estupor em que minha sede ardia.
Doce jacinto azul torcido sobre minha alma.

Sinto viajar teus olhos e é distante o outono:
boina gris, voz de pássaro e coração de casa
até onde emigravam meus profundos anelos
e caíam meus beijos alegres como brasas.

Céu desde um navio. Campo desde os cerros.
Tua recordação é de luz, de fumaça, de remanso em calma!
Mais além de teus olhos ardiam os crepúsculos.
Folhas secas de outono giravam em tua alma.

Pablo Neruda

94

Raciocínio

Solucione as seguintes adivinhações:

1. Está no edifício, no vaso, no pé e na horta:

2. Tem dentes, mas nunca come. Mesmo sem ter dinheiro, dá comida a quem tem fome:

3. Corre sem ter pés, bate na cara e ninguém o vê:

4. É um sábio gorducho, quando perguntamos não fala, sabe todas as respostas, tem todas as palavras:

5. Põe o mundo a dançar, tem notas e não é dinheiro:

6. Varre o céu todos os dias:

7. Os sete são irmãos e vivem um dia só. Quando um nasce, o outro morre, e assim passam a vida:

8. Mesmo sendo nosso, é mais usado pelos outros:

9. Só tenho duas letras, mas sustento o teu peso. Se me tratares com cuidado, eu te levarei para todo lado:

10. Tem cabeça e dentes, mas não é gente e nem animal:

95

Linguagem

Escreva 20 palavras com **4 letras** que começam com **L**:

Laca,

Escreva 20 palavras com **4 letras** que começam com **R**:

Rita,

96

Cálculo

Faça as seguintes operações, considerando o número representado por cada letra:

A = 10   B = 18   C = 8   D = 6   E = 20
F = 15   G = 9   H = 7   I = 12   J = 30

F + D + E =   C + D + E =

G + I + C =   H + I + J =

A + B + C =   G + B + A =

I + J + G =   F + D + H =

D + E + G =   B + I + F =

H + I + C =   E + A + J =

B + J + D =   I + H + B =

A + B + I =   F + D + C =

J + B + I =   E + I + J =

F + D + C =   B + C + G =

97

Atenção

Marque a figura diferente em cada linha:

98

Memória

Escreva a palavra adequada a cada definição:

1. Inseto himenóptero medindo aproximadamente 15 milímetros, cor parda e preta, penugem avermelhada, vive em colônias e produz cera e mel:

2. Cada um dos cinco apêndices articulados no fim da mão e do pé humano e, em número menor ou igual, em muitos animais:

3. Ir de um lugar a outro dando passos:

4. Calçado que vai até o tornozelo, com a parte inferior de couro e as demais de couro, camurça, pano ou outro tecido, mais ou menos cavado no peito do pé:

5. Mover-se de um lugar para outro, geralmente distante, por qualquer meio de transporte:

6. Lente de aumento, geralmente com um cabo:

7. Aparelho destinado a aquecer um recinto por eletricidade ou combustão de madeira, gás etc.:

8. Incitar; provocar ao combate, batalha ou luta:

(Real Academia Española. *Diccionario de la Lengua Española.*)

99

Linguagem

Organize estas palavras em ordem alfabética: mês, lunar, branco, arco, humano, riso, búfalo, enorme, magia, jiboia, neve, frio, pavor, Laura, aldeia, odor, calar, parar, dedo, ilha.

1	11
2	12
3	13
4	14
5	15
6	16
7	17
8	18
9	19
10	20

100

Praxia

Desenhe as figuras nos espaços correspondentes:

Desenhe uma ☁ nos espaços C-2, A-5 e E-3.

Desenhe um ⬠ nos espaços D-5, E-1 e A-2.

Desenhe um ϟ nos espaços F-2, B-1 e C-3.

Desenhe um ☀ nos espaços A-3, D-2 e F-5.

	A	B	C	D	E	F
1						
2						
3						
4						
5						

101

Atenção

Resolva os caça-palavras. Encontre 8 nomes próprios:

B	A	R	T	O	E	M	N	L
O	S	N	O	R	M	A	O	U
L	O	U	A	M	C	R	R	C
I	C	S	K	I	O	T	A	I
J	R	R	N	E	L	I	S	A
T	A	O	R	T	A	F	E	S
I	M	S	E	P	A	B	L	O
M	S	A	N	A	R	U	A	L

Encontre 8 cores:

A	S	A	R	B	T	I	N	O
N	U	D	E	R	O	X	A	M
T	R	O	S	A	Z	U	L	O
E	G	E	B	N	B	N	E	R
L	I	N	C	C	S	U	R	R
P	R	E	T	A	S	I	A	A
S	I	N	K	I	A	B	R	M
E	E	D	R	E	V	I	N	G

Memória

Memorize as figuras e desenhe-as na próxima página.

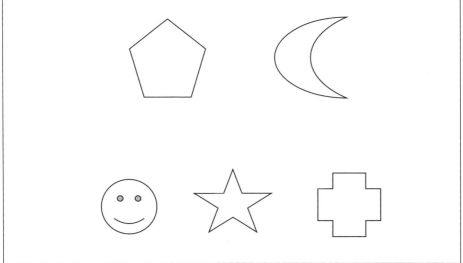

Desenhe as figuras que faltam, sem olhar a página anterior.

103

Linguagem

Encontre as 12 palavras que contêm erro de grafia e depois escreva-as corretamente:

ANCIOSO	IMPOSTO	CONTÍGUO	ANTEPÁTICO	ENCAIXE
ALHEIO	CORAÇÃO	RÍTIMO	GIRAFA	ASTERÍSTICO
DUQUE	LUTO	CLUBE	HALO	ORÉGANO
PARELHA	XAMARIZ	NUPCIAL	INCUBAR	ALDEIA
SALCHICHA	HÉRNIA	OPNIÃO	GRATUÍTO	XAROPE
COLCHA	ABACAXI	LOTERIA	ÓVULO	MULTIDÃO
IRÔNICO	HILUSÃO	JUIZADO	ASCENÇÃO	PERFUME
ESCURO	ANGAR	NAVAL	ENXOFRE	AGAXAR

1   7

2   8

3   9

4   10

5   11

6   12

104

Atenção

Quantas vezes cada palavra se repete?

QUERIA	PODIA	EXISTIA	RIA	PODIA	EXISTIA
DIVERTIA	VALIA	DORMIA	QUERIA	VALIA	CAÍA
DORMIA	RIA	DIVERTIA	PERDIA	DIVERTIA	VALIA
EXISTIA	PERDIA	VALIA	PODIA	PARTIA	RIA
VALIA	CAÍA	RIA	PARTIA	RIA	DORMIA
RIA	QUERIA	DORMIA	EXISTIA	VALIA	QUERIA
PARTIA	PERDIA	DIVERTIA	PODIA	PERDIA	CAÍA
DIVERTIA	PODIA	PARTIA	VALIA	DIVERTIA	VALIA
RIA	CAÍA	RIA	QUERIA	VALIA	RIA
PERDIA	EXISTIA	VALIA	CAÍA	EXISTIA	DIVERTIA
EXISTIA	PODIA	DIVERTIA	PARTIA	DORMIA	PARTIA
CAÍA	PERDIA	CAÍA	PODIA	PARTIA	RIA
PODIA	DORMIA	EXISTIA	DORMIA	EXISTIA	QUERIA

QUERIA: RIA:

DIVERTIA: PARTIA:

DORMIA: PERDIA:

EXISTIA: CAÍA:

VALIA: PODIA:

105

Raciocínio

Leia a seguinte fábula de Jean de la Fontaine e depois diga qual é a moral da história:

A CIGARRA E A FORMIGA

Durante todo o verão a cigarra cantou, brincou, descansou e ufanou-se da sua arte. Quando o inverno chegou, nada tinha: nem mosca nem minhoca. Foi então chorando de fome pedir à formiga, sua vizinha, que lhe emprestasse um pouco dos seus grãos até a chegada da próxima estação.

"Pagarei a dívida com juros antes da colheita", disse. "Dou a minha palavra". Mas a formiga não é nada generosa, o que é seu menor defeito. Perguntou à cigarra:

"O que você fazia quando o tempo estava quente e belo?" "Eu cantava livre, noite e dia", respondeu a despreocupada cigarra. "Cantava, então? Sua espontaneidade me encanta! Pois agora dance, minha amiga."

Moral da história:

106

Linguagem

Entre todas estas palavras podemos formar 11 palavras compostas. Encontre-as e escreva-as no final da página:

FURTA	DURO	NOTURNO	FORTE	VOLUMES
ALGODÃO	PÓ	MARIA	QUENTE	BOA
DOIS	**AMOR**	ROSA	LINDO	MÓVEIS
CARRO	ÁGUA	VISTA	DEDO	PERNA
COCO	LUSTRA	LEI	SEMPRE	DECRETO
FÉ	SOL	CARAS	RISO	PERA
COR	GUARDA	NADA	**PERFEITO**	TRÊS
MEIO	BANHO	PAPEL	LARANJA	DOCE

As palavras compostas são: amor-perfeito,

107

Atenção

Marque a figura diferente em cada linha:

⇧	⇧	⇧	⇧	⇩	⇧	⇧	⇧	⇧	⇧
⇨	⇨	⇨	⇨	⇨	⇨	⇨	⇦	⇨	⇨
⬂	⬂	⬀	⬂	⬂	⬂	⬂	⬂	⬂	⬂
⬌	⬌	⬌	⬌	⇨	⬌	⬌	⬌	⬌	⬌
⬃	⬃	⬃	⬃	⬃	⬃	⬀	⬃	⬃	⬃
⇕	⇧	⇕	⇕	⇕	⇕	⇕	⇕	⇕	⇕
⇩	⇩	⇩	⇧	⇩	⇩	⇩	⇩	⇩	⇩
⇦	⇦	⇦	⇦	⇦	⇨	⇦	⇦	⇦	⇦
⬀	⬀	⬀	⬀	⬀	⬀	⬀	⬀	⬀	⬂
⬈	⬈	⬈	⬈	⬃	⬈	⬈	⬈	⬈	⬈
⇦	⬌	⬌	⬌	⬌	⬌	⬌	⬌	⬌	⬌
⇕	⇕	⇩	⇕	⇕	⇕	⇕	⇕	⇕	⇕
⇧	⇧	⇧	⇧	⇕	⇧	⇧	⇧	⇧	⇧
⇨	⇨	⇨	⇨	⇨	⇨	⇨	⇨	⬌	⇨
⬂	⬂	⬂	⬂	⬂	⇩	⬂	⬂	⬂	⬂
⬌	⬌	⇦	⬌	⬌	⬌	⬌	⬌	⬌	⬌
⇦	⇦	⇦	⇦	⇦	⬌	⇦	⇦	⇦	⇦
⬈	⬈	⬈	⬈	⬈	⬈	⬈	⬈	⬂	⬈

108

Memória

A seguir você verá palavras diferentes. Leia uma de cada vez e, sem olhar, soletre-as (diga as letras que compõem a palavra em ordem).

Exemplo: PÃO
As letras que compõem esta palavra são: P-Ã-O

1. DEMORA	11. DESPEDIR
2. CÚPULA	12. DITAME
3. LEVITAR	13. MINGUANTE
4. DIVISA	14. VIRULÊNCIA
5. ELOGIO	15. ESMIUÇAR
6. ESCOLA	16. RACIONALIZAR
7. CURTIDO	17. JUSTIFICATIVA
8. PETÚNIA	18. CONJUNTIVITE
9. REDONDO	19. ESPIRITUALIDADE
10. VIRTUOSO	20. REFLORESTAMENTO

109

Atenção

Observe bem todas estas letras e números e depois responda às perguntas:

A 1 15 B f 7 B 1 17 C m g C 13 t j D w
D 5 F c F k G 14 H 7 15 H l y l J 12 u
4 k J 17 p 1 K h 9 d 3 K L L a M z 13 n
f 2 P l a C 11 M R 16 N k h 2 N l E 18
O b 20 O P 14 q B 1 6 P w p 2 F N E 13
s 20 Y 5 d E O l 18 6 y 18 O f 8 L C Q
6 K O R d 10 O r D 15 R q H 19 3 j 2 J
x S c 10 g S 14 v M T 17 U l c 3 T 1 i
C u F 11 x 5 U S a 3 x a D H U 2 o 5 V
c F B 11 V l C V 6 a W t 5 p W 11 K h
7 y n X B M c 18 n Y L 20 z j 15 3 g 7
w r Y 8 J 17 v 13 N 10 t Z 8 14 E u 8 T

Que letras maiúsculas NÃO estão repetidas?

Que letras minúsculas NÃO estão repetidas?

Que números NÃO estão repetidos?

Orientação

Descreva os trajetos representados no quadro desde o ponto de partida (☺) até o final (☆).

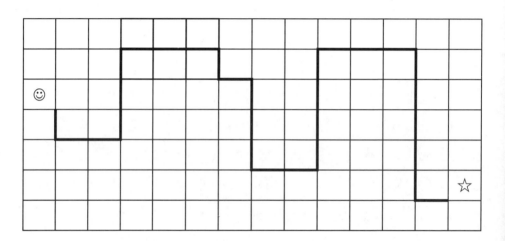

a) 1 quadrado para baixo;

b)

c)

d) 3 quadrados para a direita;

e)

f) 1 quadrado para a direita;

g)

h) 2 quadrados para a direita;

i)

j) 3 quadrados para a direita;

k)

l)

111

Atenção

Encontre os números que faltam de 81 a 160. Ao encontrá-los, escreva-os nos espaços em branco. Será mais fácil começar procurando os números em ordem: primeiro procure o 81, depois o 82 etc. até encontrar os que faltam.

152	138	82	147	103	126	114	90
116	109	125	131	159	110	83	137
85	146	113	93	144	120	142	155
102	91	119	123	81	130	136	96
105	145	127	99	132	151	154	104
98	133	143	106	118	107	92	101
124	84	112	134	156	128	148	115
153	150	129	140	100	160	86	121
88	117	94	87	157	139	111	95

112

Cálculo

Preencha o número que falta:

39 +   = 68   58 +   = 71

18 +   = 30   62 +   = 89

127 +   = 146   19 +   = 37

152 +   = 162   100 +   = 130

33 +   = 50   52 +   = 104

67 +   = 83   281 +   = 296

71 +   = 83   167 +   = 179

25 +   = 45   394 +   = 408

199 +   = 215   249 +   = 337

78 +   = 96   307 +   = 337

287 +   = 296   459 +   = 486

97 +   = 109   528 +   = 561

113

Memória

Escreva a palavra adequada para cada definição.

1. Expulsar ou arremessar com violência o ar dos pulmões por expiração involuntária e repentina promovida por estímulo que atua sobre a membrana pituitária:

2. Encontrar a diferença entre duas quantidades ou expressões:

3. Antipatia e aversão a algo ou a alguém cujo mal se deseja:

4. Lugar amplo e espaçoso dentro de um povoado para onde convergem várias ruas:

5. Exercitar o entendimento para alcançar ou compreender algo:

6. Forma musical popular que surgiu entre a população afro-americana do sul dos Estados Unidos da América, caracterizada pelo ritmo lento e tom melancólico:

7. Representar palavras ou ideias com letras ou outros símbolos traçados em papel ou outra superfície:

8. Molusco marinho cefalópode, dibranquiado, octópode, muito voraz e de grande tamanho, com corpo em forma de saco, tentáculos providos de ventosas e cuja carne é apreciada:

(Real Academia Española. *Diccionario de la Lengua Española.*)

114

Linguagem

Relacione com linhas cada palavra ao seu SINÔNIMO (palavras com o mesmo significado):

LUTAR	FRÁGIL
ENSINAR	DETER
SIMPLES	TRIUNFO
REGRA	ROSTO
PARAR	COMBATER
EXTRAORDINÁRIO	FÁCIL
PROVOCAÇÃO	NORMA
QUEBRADIÇO	EDUCAR
ASSOVIAR	ESTÚPIDO
TAPAR	PRÉVIO
VITÓRIA	MORRER
ANTERIOR	RARO
ESCOLHER	COBRIR
FALECER	DESAFIO
NÉSCIO	APITAR
CARA	ELEGER

115

Raciocínio

Solucione as seguintes adivinhações:

1. Tem coroa, mas não é rei; tem raiz, mas não é planta:

2. Todo mundo leva, todo mundo tem, porque a todos lhes dão um quando ao mundo vêm:

3. O que Adão leva na frente e Eva leva atrás?

4. O que sobe quando a chuva desce?

5. O que tem mais de dez cabeças mas não sabe pensar?

6. O que enche a casa mas não enche a mão?

7. O que se põe na mesa, parte-se, reparte-se mas não se come?

8. O que está no início do meio, no meio do começo e no final do fim?

9. Na água nasci, na água me criei, mas se me jogarem na água morrerei?

10. Verde como o campo mas campo não é; fala como o homem mas homem não é:

11. Anda deitado e dorme em pé:

12. Todas as mães têm; sem ele não tem pão; some no inverno mas aparece no verão:

Atenção

Há 4 figuras não repetidas. Encontre-as e circule-as.

117

Praxia

Recorte letras e números de revistas. Forme a frase seguinte. Depois, cole-a nesta página:

A neta de Maria tem 16 anos e quer estudar Medicina
na Universidade de Madri.

118

Linguagem

Escreva 20 palavras de **4 letras** que começam com **S**:

Saco,

Escreva 20 palavras de **4 letras** que começam com **N**:

Nada,

119

Atenção

Observe bem todas estas letras e números e depois responda às perguntas:

```
A  3  V  m  o  U  24  A  24  B  17  9  i  21  d  B  4  r
C  s  w  13  c  S  8  v  C  o  K  D  b  E  9  a  21  E
I  F  11  G  b  G  H  23  H  I  12  I  m  2  B  q  H  J
K  w  6  Z  17  f  S  K  k  L  21  h  10  v  20  b  L  a
M  20  N  q  S  z  7  p  x  E  j  9  v  G  n  C  w  H  b
12  I  O  24  4  I  3  1  Q  7  t  5  t  O  y  Z  13  P  s
Q  g  Q  a  k  3  14  R  R  b  20  G  u  4  n  k  19  R
k  16  1  8  m  i  22  Y  16  y  z  R  19  S  23  f  O  b
11  S  T  23  B  T  A  U  7  o  j  18  x  G  u  C  U  t
11  V  6  q  s  W  i  E  V  1  m  17  O  y  6  t  W  G
25  I  W  A  u  12  x  X  e  G  8  X  a  Y  19  K  j  a
15  e  Y  n  18  6  14  x  L  Z  e  18  Z  16  f  14  b
```

Que letras maiúsculas NÃO estão repetidas?

Que letras minúsculas NÃO estão repetidas?

Que números NÃO estão repetidos?

120

Linguagem

Entre todas estas palavras podemos formar 10 palavras compostas. Encontre-as e escreva-as no final da página:

ANTIGO	DISCOS	DOTES	CAMPO	MONTA
GUARDA	RETRATOS	ENVIA	VINDO	PENSA
CAÇA	CANASTRA	VIDAS	MAL	ALTO
DADO	CORRE	BISTURI	DITO	MORDE
BRANCO	FLOR	TOCA	COUVE	PORTA
ACABADO	EMOTIVO	MENINO	SALVA	CARTEL
DEIXAR	FLORESTAL	RELEVO	SOBRE	CANAL
BEM	ÁGIL	TENAZ	CARGAS	**NÍQUEIS**

As palavras compostas são: caça-níqueis,

121

Raciocínio

Solucione as seguintes adivinhações:

1. Quanto mais rugas tem mais novo é:

2. Quanto mais se tira mais se aumenta:

3. Mesmo atravessando o rio não se molha:

4. Está sempre no meio da rua e de pernas para o ar:

5. Tem cauda mas não é cão. Não tem asas mas sabe voar. Se a largam cai no chão:

6. Não tem pé e corre; tem leito e não dorme; quando para, morre:

7. Mantém sempre o mesmo tamanho, não importa o peso:

8. Num instante se quebra quando se diz o seu nome:

9. Quanto mais se perde mais se tem:

10. Nunca passa e sempre está na frente:

11. Voa sem ter asas e chora sem ter olhos:

12. Tem pés mas não tem cabeça:

Memória

122

Leia atentamente o texto seguinte. Na próxima página você terá de responder a uma série de perguntas relacionadas (sem olhar o parágrafo):

Marta é uma moça muito responsável; todos os dias trabalha das 9 às 16 horas. É vendedora numa loja de roupas. Almoça num restaurante que fica ao lado do trabalho e mais tarde vai a um hospital dar aulas às crianças que estão internadas. Portanto, à tarde, das 17 às 19 horas, é professora de crianças enfermas. As crianças gostam muito dela, já que Marta sempre brinca com elas e é muito alegre. Nas segundas-feiras ensina Português; nas terças-feiras, Matemática; nas quartas-feiras, Ciências; nas quintas-feiras, História e nas sextas-feiras, Estudos Sociais. No fim de semana descansa em casa com o namorado Pablo, passeiam pela cidade e de vez em quando vão ao teatro. Na primavera vão se casar e viajar para Dublin.

Responda às perguntas:

1. Qual é o nome da protagonista?

2. Qual é o seu horário de trabalho antes de almoçar?

3. Em que trabalha nesse período?

4. Onde almoça?

5. Em que trabalha depois do almoço?

6. Qual é o seu horário nesse período?

7. Que disciplina ensina nas terças-feiras? E nas quintas-feiras?

8. O que costuma fazer nos fins de semana?

9. Quando vai se casar?

10. Para onde vai viajar?

123

Linguagem

Entre todas estas palavras podemos formar 10 palavras compostas. Encontre-as e escreva-as no final da página:

ÁGUA	ALTO	MAR	LUZ	QUEBRA
ÓRGÃO	CHAMAS	COSTURA	**ASSINADO**	PALAVRA
PARA	PODER	OPERAR	RICO	CONTAS
SÉSAMO	BRASILEIRO	QUARTO	AFRO	PRATA
NOZES	PISCA	MADRE	PEIXE	ANO
RATO	**ABAIXO**	PIMENTA	SURDO	COMPRAS
ASTRAL	POSTO	LANÇA	LONGE	ALTA
ORCA	MARINHA	QUALIDADE	CELEIRO	LAMA

As palavras compostas são: abaixo-assinado,

124

Raciocínio

Leia a seguinte fábula de Esopo e depois diga qual é a moral da história:

OS TRÊS AMIGOS

Um homem bom tinha três amigos: seu dinheiro, sua mulher e suas boas ações. Estando à beira da morte, mandou chamá-los. Ao dinheiro, disse: "Adeus, estou morrendo!" "Adeus!", respondeu o dinheiro. "Quando estiver morto, acenderei uma vela para iluminar a sua solidão."

Quando a sua mulher chegou, disse adeus e prometeu acompanhar seu corpo até o túmulo.

Por último chegaram as suas boas ações. "Estou morrendo, adeus!", disse o moribundo. "Não diga adeus", falaram. "Depois de morrer, acompanharemos você também na outra vida." E, assim como prometeram, as boas ações acompanharam o homem, mesmo depois de morto.

Moral da história:

125

Praxia

Recorte letras e números de revistas. Forme a seguinte frase. Depois, cole-a nesta página:

Em 22 de dezembro vou viajar a Cuba para passar 10 dias com minhas 3 irmãs e meus 6 sobrinhos.

126

Atenção

Resolva os caça-palavras.

Encontre 8 animais:

C	R	O	B	O	G	T	C	S
U	A	I	M	D	A	G	O	T
L	N	A	R	A	T	O	E	U
Y	A	C	A	C	O	H	L	R
B	O	L	A	O	E	L	H	E
E	M	F	A	F	R	A	O	M
S	I	U	R	S	O	E	R	I
C	A	C	H	O	R	R	O	O

Encontre 8 verduras/hortaliças:

C	O	T	U	E	A	T	R	A
O	R	O	S	O	L	M	A	L
U	N	M	B	O	H	O	A	F
V	O	A	K	N	O	A	L	A
E	N	T	B	S	P	I	O	C
I	R	E	N	A	O	R	B	E
I	F	C	B	U	R	G	E	A
P	E	P	I	N	O	A	C	S

127

Raciocínio

Leia a seguinte fábula de Esopo e depois diga qual é a moral da história:

OS NOVOS DESEJOS

Um homem tinha duas filhas. Uma delas se casou com um hortelão e a outra com um oleiro.

Depois de algum tempo foi visitar a que se casara com o hortelão. Perguntou sobre a sua saúde e como estavam os negócios. Ela respondeu: "Tudo está muito bem, a única coisa que peço ao céu é chuva farta para regar meus legumes". Depois ele foi visitar a esposa do oleiro e também a questionou sobre a sua situação. Ela respondeu que era feliz. "Contudo, espero que o tempo continue claro e ensolarado, resplandecente como hoje, para que a cerâmica do meu marido seque".

Aquele pai pensou: "Se uma pede tempo ruim e a outra tempo bom, como o céu há de fazer para operar tal milagre?"

Moral da história:

128

Linguagem

Escreva 20 palavras de **5 letras** que começam com **C**:

Cerne,

Escreva 20 palavras de **5 letras** que começam com **N**:

Negro,

Orientação

Descreva os trajetos representados no quadro desde o ponto de partida (☺) até o final (☆).

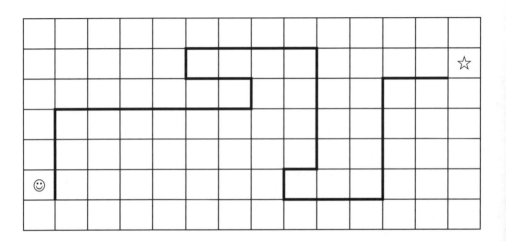

a)

b) 6 quadrados para a direita;

c)

d)

e) I quadrado para cima;

f)

g) 4 quadrados para baixo;

h)

i)

j) 3 quadrados para a direita;

k)

l)

130

Linguagem

Organize as palavras em ordem alfabética: empenho, orelha, flor, ambiente, casa, hoje, balão, duro, via, cuca, humano, jardim, argila, guarda, bilhete, tutela, final, dente, estufa, inverno.

1

2

3

4

5

6

7

8

9

10

11

12

13

14

15

16

17

18

19

20

Memória

Memorize as figuras e desenhe-as na próxima página.

Desenhe as figuras que faltam, sem olhar a página anterior.

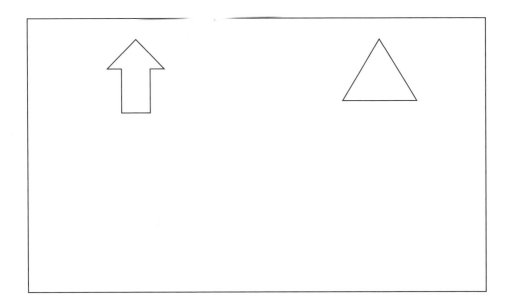

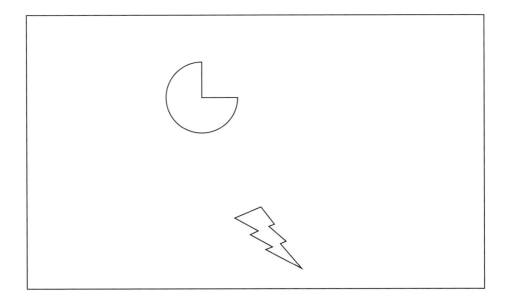

Atenção

Conte cada figura:

133

Cálculo

Complete as seguintes séries numéricas:

59		53			44	41			32

72			57			42	37		27

19	27		43		59			83	

107		95		83			65	59	

43			79	91				139	151

101		87		73			52		38

134

Linguagem

Escreva uma breve história com as palavras seguintes:

Exemplo: Beira-mar – Azul – Lua – Paisagem

Caminhei à *beira-mar* e contemplei o mar *azul* enquanto a *lua* brilhava; uma *paisagem* belíssima.

Restaurante – Alberto – Japonês – Sushi:

Banco – Dinheiro – Ana – Economia:

Perna – Dor – Pomada – Massagem:

Leão – Selva – Excursão – Carro:

Cabelo – Tinta – Cinco – Maria:

135

Praxia

Desenhe as figuras nos espaços correspondentes:

Desenhe um ♡ nos espaços A-2, D-4 e F-5.

Desenhe uma 🕯 nos espaços E-2, C-3 e B-5.

Desenhe uma ✋ nos espaços C-1, F-3 e A-4.

Desenhe um ☺ nos espaços F-1, B-4 e D-5.

	A	B	C	D	E	F
1						
2						
3						
4						
5						

136

Atenção

Resolva os caça-palavras.
Encontre 8 partes/órgãos do corpo:

M	I	S	T	O	R	O	N	E
P	A	S	E	T	O	O	O	A
U	O	Ç	M	O	Ç	A	R	B
N	M	I	E	W	A	M	T	O
T	O	A	P	B	B	M	A	C
I	D	R	P	S	A	I	E	A
N	E	O	R	K	N	C	N	P
A	D	S	A	T	S	O	C	S

Encontre 8 sobrenomes:

R	F	S	O	N	N	S	Q	R
I	L	E	S	Z	G	A	U	I
M	O	R	E	I	A	N	R	L
T	R	R	W	U	R	C	A	O
E	E	O	A	R	C	H	N	A
P	S	T	T	L	I	E	W	S
S	A	P	D	I	A	S	N	O
C	O	N	A	N	I	L	O	M

137

Linguagem

Encontre as 12 palavras que contêm erro de grafia e depois escreva-as corretamente:

NOVE	HELO	TRUQUE	CABELO	VENTRE
CONPOR	EXULTAR	ASSEITAR	PAISAGEM	CÍRIO
BAMBU	TURBANTE	ECONOMIZAR	HIBISCO	EMOSSÃO
ADVINHO	NEVE	DENSSO	CHAVE	VORAZ
CICLONE	TRÂNSITO	ESPERTO	FALÁSSIA	MANCEBO
AVANÇO	CHORAR	PASAR	CONFETE	CONFISSÃO
CALHAMASSO	AZULEJO	ACABAR	BROCA	IENA
POSTIÇO	TANBÉM	INCRUSTAR	HOLOR	COCEIRA

1   7

2   8

3   9

4   10

5   11

6   12

138

Raciocínio

Solucione as seguintes adivinhações:

1. Estou na guerra e fujo do canhão. Estou na igreja mas não nos santos. Estou na flor mas não na planta:

2. Quanto mais profunda, menos vemos:

3. Quando você precisa joga fora. Quando não precisa pega de volta.

4. Vence o tigre e o leão, vence o touro mais feroz, vence senhores e reis, a todos derrota:

5. Cai da torre e não morre, mas cai na água e se desfaz:

6. Sou aquele que jamais descansa. Nunca conseguem me secar. Minha dança não é enfadonha:

7. Respira mas não tem pulmões. Tem pés mas não anda:

8. Não tenho ouvido nem boca, mas me fazem falar. Fico muito surpreso com o que posso escutar:

9. Muito fácil de agarrar mas muito difícil de lançar:

10. Quando mais quente está mais fresco é:

11. Está em tudo mas nada tem:

12. Muitos podem ouvi-lo mas ninguém pode vê-lo. Se não falarmos ele também não falará:

139

Atenção

Marque a figura diferente em cada linha:

140

Praxia

Recorte letras e números de revistas. Forme as seguintes frases. Depois, cole-as nesta página:

Minha melhor amiga e eu fazemos aniversário
no mesmo dia, 18 de abril. Ela faz 37 e eu faço 35.
Nós duas estamos solteiras.

141

Linguagem

A partir da palavra VIOLENTA forme 20 palavras com sentido, utilizando as letras necessárias sem repetições:

VIOLENTA

Navio,

A partir da palavra TERMINAL forme 20 palavras com sentido, utilizando as letras necessárias sem repetições:

TERMINAL

Lã,

142

Memória

Memorize estas palavras. Na próxima página, localize-as sem olhar. Para facilitar, você pode pensar em frases que contenham as palavras; por exemplo: Meu *cachorro* caçou um *coelho* quando ia ao *moinho* e queria comer o *bolo*.

| CACHORRO |
| COELHO |
| MOINHO |
| BOLO |

| TELHADO |
| LIVRO |
| PEIXE |
| CASA |

| LUZIA |
| NOZ |
| MAÇÃ |
| VAGEM |

Assinale as 12 palavras memorizadas da página anterior:

Bloco	Noz	Dois
Bolo	Segunda-feira	Riso
Cesta	Vagem	Coelho
Cachorro	Menino	Oeste
Peixe	Rosto	Mel
Ministro	Moinho	Livro
Rita	Maçã	Telhado
Casa	Outono	Terça-feira
Primavera	Luzia	Sol

143

Atenção

Quantas vezes cada palavra se repete?

APTIDÃO	SESSÃO	SABÃO	AFETO	ATITUDE	SERMÃO
ADOTAR	ATITUDE	ADAPTAR	SERMÃO	ADOTAR	ADAPTAR
SABÃO	SESSÃO	SEÇÃO	EFEITO	SESSÃO	APTIDÃO
AFETO	SERMÃO	ADAPTAR	APTIDÃO	AFETO	ADAPTAR
EFEITO	SEÇÃO	SABÃO	EFEITO	ADAPTAR	SERMÃO
ADAPTAR	ADOTAR	ADAPTAR	ADOTAR	ATITUDE	ADAPTAR
SERMÃO	AFETO	SESSÃO	ADAPTAR	ADOTAR	SESSÃO
APTIDÃO	ADAPTAR	APTIDÃO	SERMÃO	EFEITO	SABÃO
ADOTAR	ATITUDE	ADOTAR	ADAPTAR	ADOTAR	EFEITO
ADAPTAR	SEÇÃO	ADAPTAR	ADOTAR	APTIDÃO	ADAPTAR
EFEITO	SABÃO	ATITUDE	SERMÃO	AFETO	AFETO
APTIDÃO	AFETO	ADOTAR	EFEITO	ATITUDE	SEÇÃO
SESSÃO	SEÇÃO	SERMÃO	SEÇÃO	ADOTAR	SABÃO

APTIDÃO: ADAPTAR:

ADOTAR: SERMÃO:

SABÃO: SESSÃO:

AFETO: ATITUDE:

EFEITO: SEÇÃO:

160

144

Cálculo

Faça as seguintes operações, considerando os números representados pelas letras:

A = 30	B = 50	C = 27	D = 18	E = 17
F = 35	G = 22	H = 70	I = 100	J = 42

A + F + G =   D + C + G =

H + C + I =   B + F + A =

J + D + E =   J + E + I =

B + A + H =   D + C + F =

I + B + J =   E + I + H =

F + H + I =   D + C + G =

J + C + B =   F + A + C =

E + C + G =   H + H + I =

I + B + F =   B + H + F =

J + C + I =   C + J + A =

145

Linguagem

Encontre as 12 palavras que contêm erro de grafia e depois escreva-as corretamente:

CONPLEXO	PÁGINA	ADIJUNTO	PROSAICO	GIBOIA
RALI	INVERNAL	INO	ULTRAJE	URGIR
ATROFIA	OLVINTE	HERÓI	PREOCUPASSÃO	ESNOBE
CAZA	SARGENTO	TIGELA	ABA	VASOURA
POUCO	INJETAR	IMFERNAL	PARVO	ELIXIR
INFLUIR	ALIZADO	TONELAGEM	IMEDIATO	VASO
ENCOBRIR	PÁSSARO	ANSEIO	PÊSSEGO	ÁPICE
TRÁFEGO	PRUDÊNSSIA	LISTRA	ENGESSAR	TRANZE

1

2

3

4

5

6

7

8

9

10

11

12

146

Memória

Memorize as figuras e desenhe-as na próxima página.

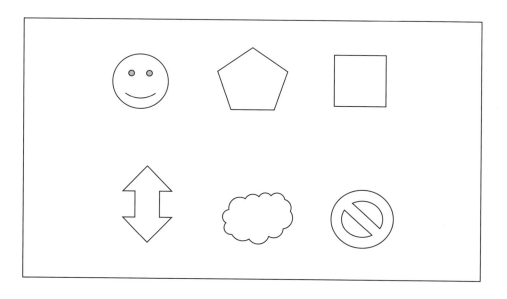

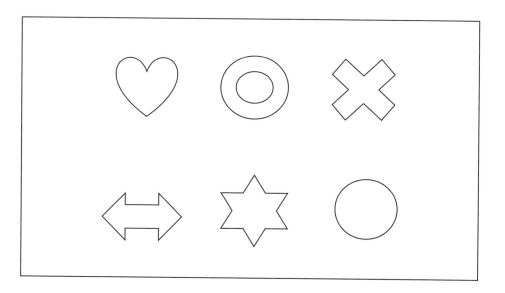

Desenhe as figuras que faltam sem olhar a página anterior.

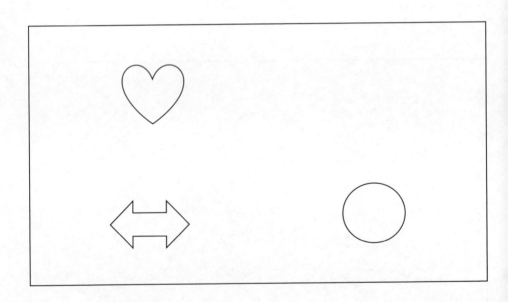

147

Atenção

Encontre os números que faltam de 96 a 175. Ao encontrá-los, escreva-os nos espaços em branco. Será mais fácil começar procurando os números em ordem: primeiro procure o 96, depois o 97 etc., até encontrar os que faltam.

162	153	138	170	123	169	142	102
116	125	111	157	96	122	173	151
141	104	148	164	161	149	113	165
168	135	114	128	109	147	158	119
105	97	146	121	160	143	103	132
163	139	131	106	124	171	140	150
126	130	156	137	127	134	107	154
115	159	110	174	166	98	136	118
101	144	117	100	155	129	112	175

148

Orientação

Descreva os trajetos representados no quadro desde o ponto de partida (☺) até o final (☆).

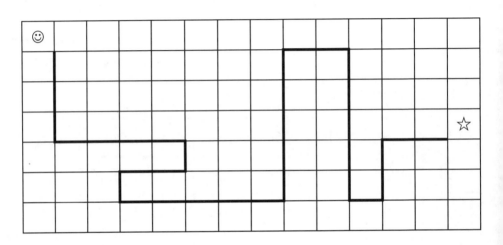

a)

b)

c) 1 quadrado para baixo;

d)

e)

f) 5 quadrados para a direita;

g)

h)

i)

j) 1 quadrado para a direita;

k)

l)

149

Linguagem

A partir da palavra PERSONAGEM forme 20 palavras com sentido, utilizando as letras necessárias sem repetições:

PERSONAGEM

Pera,

A partir da palavra MALEÁVEL forme 20 palavras com sentido, utilizando as letras necessárias sem repetições:

MALEÁVEL

Mala,

150

Praxia

Desenhe as figuras nos espaços correspondentes:

Desenhe uma ☦ nos espaços C-1, A-3 e F-5.

Desenhe uma 🏠 nos espaços B-2, E-4 e D-5.

Desenhe um 🔔 nos espaços C-4, F-1 e D-2.

Desenhe um 📖 nos espaços F-3, B-5 e A-1.

	A	B	C	D	E	F
1						
2						
3						
4						
5						

151

Atenção

Observe bem todas estas letras e números e depois responda às perguntas:

```
C A 25 1 b N x 21 o 10 h 4 A 12 r B 23
F C 3 11 D d 22 b t F W 21 D E 15 F H 6
o U d 21 F G y 2 H g H w 1 n l F J k N
J 16 4 t K o 9 e L 12 x 2 T 9 n 11 L M t
13 x g M 20 N 10 a N 13 m k z 18 2 u 4
S N 21 1 6 c N O k 23 24 O P 7 m 8 P
16 Q D 5 h 17 11 9 Q 13 5 p 1 13 Z R S
2 o 5 a 17 i 12 S 4 10 p T n 16 y 16 6 T
C M 16 U a U z Q 23 L V 6 O q n 17 c
V s 8 w 8 J v X 15 W 14 p 18 p k f 2 W
12 25 F i X 2 15 X j Y m 17 Y 1 20 8 w
Y 4 r Z u P p 19 z 10 23 y 5 s Z 20 A m
```

Que letras maiúsculas NÃO estão repetidas?

Que letras minúsculas NÃO estão repetidas?

Que números NÃO estão repetidos?

Orientação

Descreva os trajetos representados no quadro desde o ponto de partida (☺) até o final (☆).

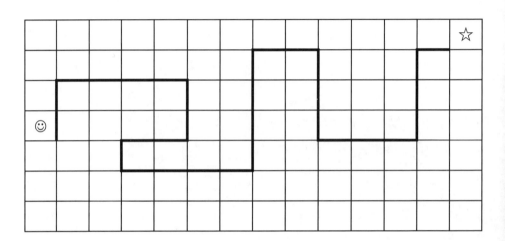

a)

b) 4 quadrados para a direita;

c)

d)

e)

f)

g)

h)

i)

j) 3 quadrados para a direita;

k)

l)

153

Linguagem

Escreva uma breve história com as palavras seguintes:

Exemplo: Beira-mar – Azul – Lua – Paisagem

Caminhei à *beira-mar* e contemplei o mar *azul* enquanto a *lua* brilhava; uma *paisagem* belíssima.

Cachorro – Casa – Copo – Arroz:

Médico – Meio-dia – Segunda-feira – Colégio:

Chaminé – Gato – Cócegas – Sofá:

Triste – Madri – Poesia – Jardim:

Nove – Sanduíches – Lanche – Presunto:

154

Atenção

Encontre as 5 figuras diferentes dos modelos:

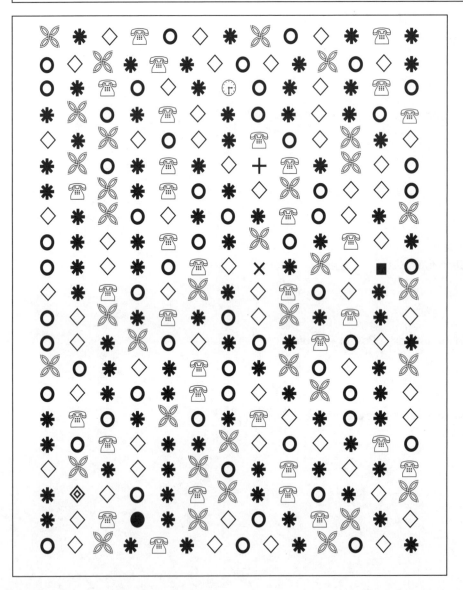

155

Raciocínio

Preencha os espaços vazios com os números que faltam. Não repita números na mesma linha ou coluna.

2		4	3
1			
	2		4
4			1

4		1	
1			3
3		2	
	4		1

156

Linguagem

Organize as palavras em ordem alfabética: fase, comum, agente, carrilhão, extranatural, ouvido, hora, dieta, cola, adorno, favor, cutâneo, horror, cerimônia, advérbio, frito, charco, extração, olmo, dezembro.

1	11
2	12
3	13
4	14
5	15
6	16
7	17
8	18
9	19
10	20

157

Cálculo

Preencha com o número que falta:

18 –   = 13   68 –   = 55

27 –   = 18   52 –   = 45

12 –   = 4   72 –   = 57

13 –   = 6   18 –   = 4

22 –   = 12   31 –   = 11

35 –   = 27   87 –   = 74

49 –   = 38   29 –   = 17

28 –   = 20   75 –   = 58

47 –   = 35   38 –   = 24

51 –   = 43   64 –   = 47

62 –   = 51   84 –   = 54

78 –   = 65   73 –   = 57

Atenção

Há 4 figuras não repetidas. Encontre-as e circule-as.

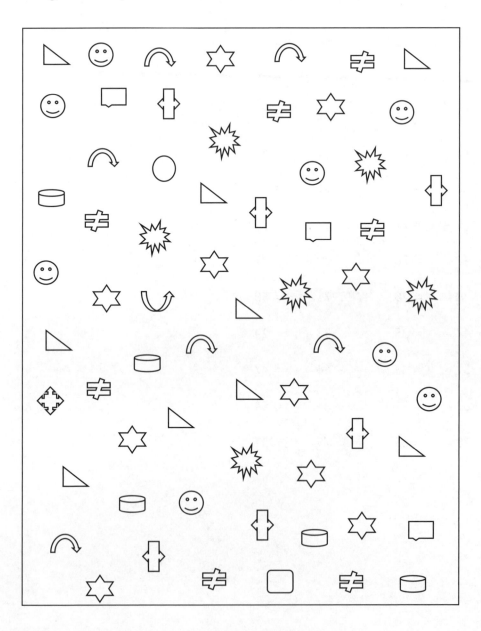

159

Praxia

Desenhe as seguintes figuras nos espaços correspondentes:

Desenhe um ✈ nos espaços A-2, B-4 e D-5.

Desenhe uma ✂ nos espaços A-5, E-4 e D-1.

Desenhe um ✉ nos espaços E-3, C-5 e B-3.

Desenhe uma ✿ nos espaços B-2, E-2 e F-1.

	A	B	C	D	E	F
1						
2						
3						
4						
5						

160

Linguagem

Escreva uma breve história com as palavras seguintes:

Exemplo: Beira-mar – Azul – Lua – Paisagem

Caminhei à *beira-mar* e contemplei o mar *azul* enquanto a *lua* brilhava; uma *paisagem* belíssima.

Bola – Música – Preto – Janela:

Anel – Vestido – Piscina – Julho:

Tambor – Amizade – Dezembro – Neve:

Tapete – Olhos – Peruca – Amarelo:

Pingente – Pimenta – Vermelho – Balcão:

161

Atenção

Encontre as 5 figuras diferentes dos modelos:

Modelos 

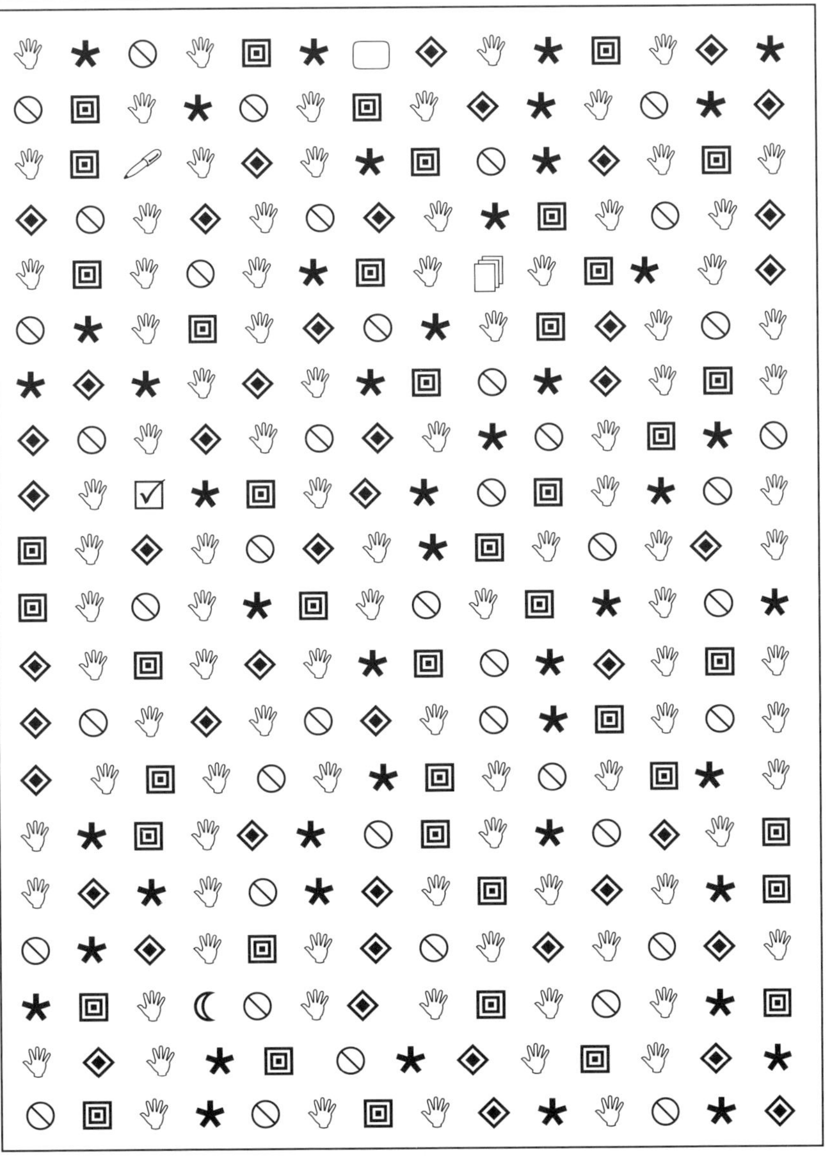

Orientação

Descreva os trajetos representados no quadro desde o ponto de partida (☺) até o final (☆).

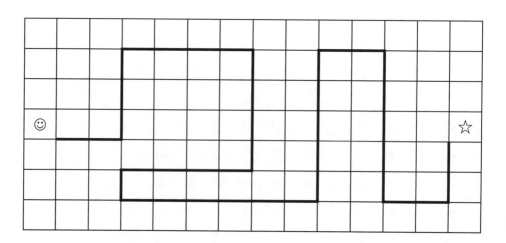

a)

b)

c)

d)

e)

f)

g)

h)

i)

j)

k)

l)

163

Linguagem

A partir da palavra FATIGOSO forme 20 palavras com sentido, utilizando as letras necessárias sem repetições:

FATIGOSO

Gota,

A partir da palavra CARPINTEIRO forme 20 palavras com sentido, utilizando as letras necessárias sem repetições:

CARPINTEIRO

Pinta,

Memória

Leia atentamente o texto seguinte. Na próxima página você terá de responder a uma série de perguntas relacionadas (sem olhar o parágrafo):

Na quinta-feira passada, Miguel completou 50 anos. Fez uma festança; convidou amigos, conhecidos e parentes. Mais ou menos 45 pessoas compareceram. Ficou combinado que todos os convidados deveriam levar algo para comer e beber, dividindo com os demais. O horário foi marcado para as 21 horas, com o aviso de que iria até altas horas da madrugada. Foi contratada uma banda de *pop-rock*, que tocou músicas atuais e também algumas mais antigas, favoritas de Miguel. O aniversariante ganhou muitos presentes: roupas, acessórios, perfumes etc. Porém, o que mais lhe agradou foi uma passagem de avião com todas as despesas pagas para as Ilhas Maurício, por sete dias. A festa acabou às 5 da manhã.

Responda a estas perguntas:

1. Qual é o nome do protagonista?

2. Quantos anos fez?

3. Quem convidou para a festa?

4. O que cada convidado deveria levar?

5. Quantas pessoas compareceram?

6. Qual foi o horário marcado?

7. Quem contrataram?

8. Qual era o destino da passagem de avião?

9. Quanto tempo a viagem irá durar?

10. A que horas a festa acabou?

165

Atenção

Encontre os números que faltam de 185 a 310. Ao encontrá-los, escreva-os nos espaços em branco. Será mais fácil começar procurando os números em ordem: primeiro procure o 185, depois o 186 etc., até encontrar os que faltam.

195	294	261	282	272	243	304	232	252
209	202	254	276	212	279	200	193	271
236	270	221	185	256	204	231	308	228
263	306	275	233	269	300	251	267	303
253	194	281	199	220	301	278	206	284
244	211	235	203	266	214	224	239	191
216	274	292	285	248	186	289	260	218
286	297	222	219	299	242	295	197	302
305	198	265	215	290	229	201	246	226
213	257	296	250	196	277	238	298	288
264	291	187	287	241	280	273	255	268
310	234	207	258	237	217	225	188	227
190	245	223	210	249	189	205	240	208

166

Praxia

Desenhe as seguintes figuras nos espaços correspondentes:

Desenhe uma ☾ nos espaços E-4, C-1 e A-3.

Desenhe um 🕐 nos espaços E-1, F-5 e C-4.

Desenhe um ☎ nos espaços D-3, B-5 e F-3.

Desenhe uma ✪ nos espaços C-2, D-5 e A-1.

	A	B	C	D	E	F
1						
2						
3						
4						
5						

167

Linguagem

Escreva uma breve história com as palavras seguintes:

Exemplo: Beira-mar – Azul – Lua – Paisagem

Caminhei à *beira-mar* e contemplei o mar *azul* enquanto a *lua* brilhava; uma *paisagem* belíssima.

País – Viagem – Pássaro – Caverna:

Garfo – Areia – Água – Hambúrguer:

Ramo – Neto – Rosa – Barco:

Jantar – Nuvem – Jaqueta – Táxi:

Música – Amor – Dor – Comida:

168

Cálculo

Faça as seguintes operações, considerando os números representados pelas letras:

A = 40   B = 10   C = 15   D = 32   E = 18
F = 20   G = 8   H = 17   I = 9   J = 12

A + F + G + H =

I + H + C + G =

B + D + G + J =

F + D + E + C =

G + D + E + C =

J + A + I + H =

H + J + C + A =

B + I + D + F =

E + I + A + G =

J + E + D + C =

B + G + A + H =

A + F + C + B =

D + A + B + F =

I + D + C + G =

F + I + H + J =

E + D + B + A =

D + J + B + H =

D + C + B + H =

F + C + B + I =

E + A + F + J =

169

Atenção

Quantas vezes cada palavra se repete?

AFERIR	SEM	CASA	CEM	AUFERIR	SEM
CASA	ABELHA	AFERIR	OVELHA	CAÇA	CASA
CEM	CAÇA	ABELHA	APTO	CASA	CEM
APTO	AFERIR	CEM	AUFERIR	APITO	AUFERIR
CASA	OVELHA	APITO	SEM	OVELHA	SEM
SEM	AUFERIR	OVELHA	ABELHA	AFERIR	APTO
APITO	CAÇA	CASA	CEM	APITO	CAÇA
AUFERIR	CEM	APTO	CAÇA	ABELHA	CEM
CAÇA	ABELHA	AFERIR	APITO	CAÇA	AFERIR
AFERIR	APITO	ABELHA	AUFERIR	APTO	CASA
APITO	SEM	AUFERIR	APITO	CEM	OVELHA
CAÇA	APTO	CEM	CASA	ABELHA	SEM
AUFERIR	CASA	APTO	CAÇA	AFERIR	CAÇA

AFERIR: APITO:

CASA: AUFERIR:

CEM: CAÇA:

APTO: ABELHA:

SEM: OVELHA:

Orientação

Desenhe o trajeto desde o ponto de partida (☺) até o final (☆) com as seguintes instruções:

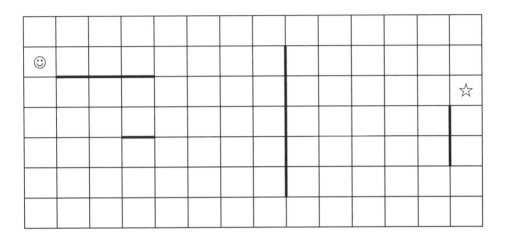

a) 3 quadrados para a direita;

b) 2 quadrados para baixo;

c) 1 quadrado para a esquerda;

d) 1 quadrado para baixo;

e) 3 quadrados para a direita;

f) 4 quadrados para cima;

g) 2 quadrados para a direita;

h) 5 quadrados para baixo;

i) 2 quadrados para a direita;

j) 1 quadrado para cima;

k) 3 quadrados para a direita;

l) 2 quadrados para cima.

171

Linguagem

Organize as palavras em ordem alfabética: parente, fiação, Ásia, insuperável, filtro, enzima, atascar, Paris, insulto, fibra, antigo, envio, parede, fiar, interativo, fiança, parvo, aspa, eriçado, insulina.

1		11
2		12
3		13
4		14
5		15
6		16
7		17
8		18
9		19
10		20

172

Raciocínio

Preencha os espaços vazios com os números que faltam. Não repita números na mesma linha ou coluna.

2	1		4
3		2	
	2		3
4		1	

	4		
4		3	1
	1	4	2
2			

173

Atenção

Encontre as 5 figuras diferentes dos modelos:

Modelos ⊠ ☾ ◉ ▣ ○

174

Memória

Memorize estas palavras. Na próxima página, localize-as sem olhar. Para facilitar, você pode pensar em frases que contenham as palavras; por exemplo: *Alberto* e *Cristina* compraram *pão* para fazer um sanduíche de *linguiça*.

ALBERTO
CRISTINA
PÃO
LINGUIÇA

GATO
BANHO
DOMINGO
CAMINHO

LEBRE
DENTE
SOLO
SAPATO

Assinale as 12 palavras memorizadas da página anterior:

Chão	Grão-de-bico	Sete
Pão	Quinta-feira	Alberto
Sapato	Lebre	Dente
Banho	Menina	Manta
Semana	Caminho	Raiz
Mês	Doce	Cristina
Domingo	Mil	Romance
Pinheiro	Linguiça	Gato
Solo	Papel	Ervilha

175

Linguagem

Escreva 20 palavras com **5 letras** que começam com **R**:

Raiva,

Escreva 20 palavras com **5 letras** que começam com **J**:

Jambo,

Orientação

Desenhe o trajeto desde o ponto de partida (☺) até o final (☆) com as seguintes instruções:

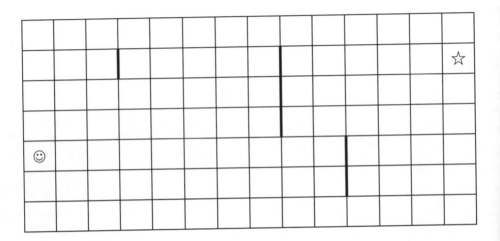

a) 3 quadrados para a direita;

b) 3 quadrados para cima;

c) 1 quadrado para a esquerda;

d) 1 quadrado para cima;

e) 5 quadrados para a direita;

f) 3 quadrados para baixo;

g) 2 quadrados para a direita;

h) 2 quadrados para baixo;

i) 2 quadrados para a direita;

j) 3 quadrados para cima;

k) 1 quadrado para a direita;

l) 1 quadrado para cima.

177

Atenção

Há 4 figuras não repetidas. Encontre-as e circule-as.

Memória

Memorize as figuras e desenhe-as na próxima página.

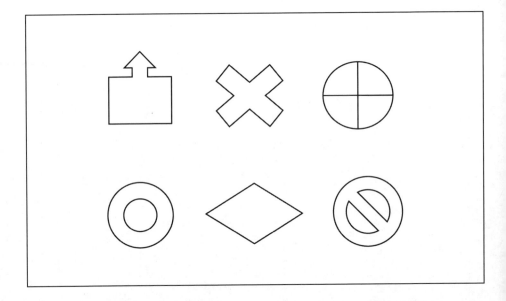

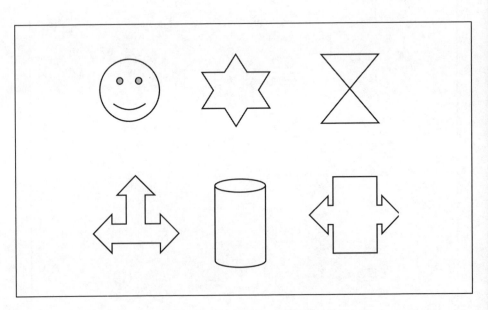

Desenhe as figuras que faltam sem olhar a página anterior.

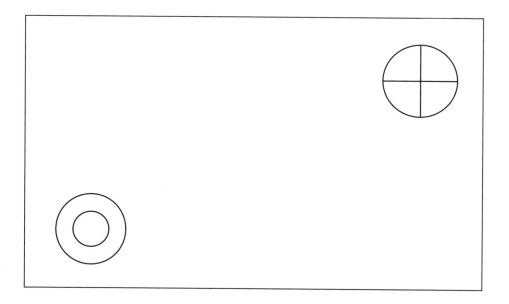

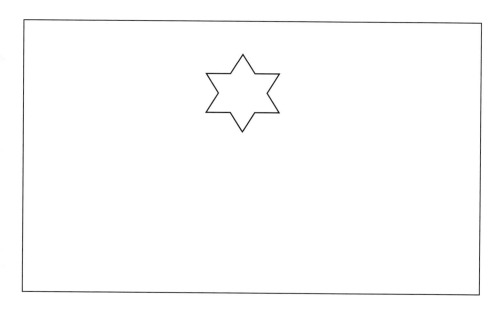

179

Linguagem

A partir da palavra ANTEPOR forme 20 palavras com sentido, utilizando as letras necessárias sem repetições:

ANTEPOR

Por,

A partir da palavra CONSCIÊNCIA forme 20 palavras com sentido, utilizando as letras necessárias sem repetições:

CONSCIÊNCIA

Ciência,

180

Cálculo

Preencha com o número que falta:

72 –   = 61   325 –   = 316

57 –   = 42   517 –   = 502

188 –   = 175   260 –   = 243

222 –   = 214   122 –   = 107

89 –   = 74   408 –   = 394

305 –   = 296   601 –   = 581

172 –   = 165   102 –   = 87

91 –   = 79   99 –   = 69

470 –   = 453   672 –   = 659

282 –   = 262   315 –   = 306

61 –   = 50   561 –   = 529

173 –   = 160   489 –   = 472

181

Atenção

Resolva o caça-palavras.
Encontre 14 províncias da Espanha:

P	I	N	T	I	S	M	U	R	I
S	E	V	I	L	H	A	R	O	N
A	T	O	G	U	L	R	I	S	E
M	N	G	A	L	E	U	R	E	T
R	A	Y	I	W	S	J	A	M	K
Q	C	L	R	R	A	A	Z	Q	O
M	I	S	A	R	O	E	I	D	A
M	L	N	W	G	A	N	D	M	C
A	A	R	M	O	A	S	A	O	S
O	R	O	U	K	R	Y	C	A	E
R	M	O	D	I	O	N	N	C	U
N	A	R	E	E	I	O	E	A	H
S	A	Y	S	T	L	E	M	C	S
O	L	I	A	E	U	O	I	E	O
G	I	S	C	K	C	N	T	R	T
R	V	R	P	O	Z	A	M	E	L
U	A	S	T	U	R	I	A	S	A
B	O	P	O	I	M	R	V	O	S

182

Memória

Leia atentamente o texto seguinte. Na próxima página você terá de responder a uma série de perguntas relacionadas (sem olhar o parágrafo):

Paula, de 69 anos, é casada com Roberto, de 72. Vivem num povoado muito bonito em Costa Brava. É o segundo casamento de Paula, que foi casada por 18 anos com Jacinto e divorciou-se há muitos anos. Tem dois filhos com o primeiro marido: Artur e Vicente, de 45 e 42 anos, respectivamente. Com seu atual marido tem quatro: Maria, Sofia, Ricardo e Gustavo. Maria é a mais velha, tem 41 anos, Sofia tem 39, Ricardo tem 37 e Gustavo tem 36. Todos casaram, menos Gustavo, que ainda está aproveitando a solteirice. Paula tem oito netos: três são filhos de Artur, dois de Vicente, dois de Maria e um de Sofia. Ela gostaria que seus outros filhos também lhe dessem netos, já que adora crianças. Seu último neto, Tomás, nasceu prematuro e precisou ficar oito dias na incubadora, mas já está bem e em casa com os pais.

Responda às perguntas:

1. Qual é o nome da protagonista?

2. Onde vive?

3. Quantos anos tem? E seu marido?

4. Por quantos anos foi casada anteriormente?

5. Quantos filhos tem? Como se chamam?

6. Tem netos? Quantos?

7. Qual é o nome do filho solteiro?

8. Quantos filhos Maria tem?

9. Qual é o nome do seu último neto?

10. Quanto tempo ficou na incubadora?

183

Atenção

Resolva o caça-palavras.
Encontre 15 países:

R	E	T	O	L	I	S	A	R	B
M	S	A	T	I	W	U	I	O	A
E	A	L	E	M	A	N	H	A	P
G	S	O	S	N	G	I	J	B	L
I	O	P	Z	E	N	G	I	U	A
N	A	P	A	A	T	E	V	C	G
T	M	O	H	N	M	R	N	O	U
E	S	F	J	U	H	I	H	E	T
T	U	R	Q	U	I	A	L	A	R
O	W	A	S	G	E	I	S	P	O
O	M	N	I	A	H	Q	U	A	P
O	O	Ç	N	C	T	O	Z	Ç	O
T	E	A	A	I	L	A	T	I	R
I	G	A	I	W	A	U	I	U	E
G	L	I	C	Z	I	M	N	S	N
E	N	H	E	J	S	J	U	P	E
U	M	A	R	O	D	A	U	Q	E
U	U	E	G	R	R	G	A	N	A

184

Raciocínio

Preencha os espaços vazios com as letras que faltam. Não repita letras na mesma linha ou coluna.

	C		D
C			B
	D	C	A
D			

C		D	
	A	C	
			D
B	D	A	

185

Linguagem

Organize as palavras em ordem alfabética: cadáver, mártir, cair, pelotão, matar, imune, calado, platônico, cadeira, imóvel, matriz, pelúcia, prazo, chave, mas, medo, peruca, imortal, março, inocência.

1	11
2	12
3	13
4	14
5	15
6	16
7	17
8	18
9	19
10	20

Cálculo

Complete as seguintes séries numéricas:

	151		133					88	79

72		102				162	177		

209			197		189				173

215		201				173		159	

	315		341				393		419

347				299		275		251	

187

Atenção

Encontre os números que faltam de 345 a 470. Ao encontrá-los, escreva-os nos espaços em branco. Será mais fácil começar procurando os números em ordem: primeiro procure o 345, depois o 346 etc., até encontrar os que faltam.

380	420	345	432	404	466	392	363	385
361	444	455	398	419	369	450	449	400
456	411	368	440	386	429	410	357	426
399	393	446	391	358	427	375	439	384
433	356	454	409	467	346	458	415	424
379	397	373	437	381	464	390	442	349
445	347	417	443	453	396	469	367	461
412	377	465	355	414	364	436	422	383
387	421	403	428	460	374	459	354	452
431	408	365	418	370	416	395	448	423
378	352	447	435	402	451	348	401	388
434	470	394	405	430	359	441	406	362
360	372	413	351	382	376	350	366	463

Orientação

Desenhe o trajeto desde o ponto de partida (☺) até o final (☆) com as seguintes instruções:

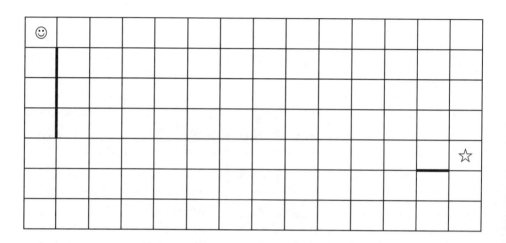

a) 3 quadrados para baixo;

b) 4 quadrados para a direita;

c) 2 quadrados para baixo;

d) 2 quadrados para a direita;

e) 4 quadrados para cima;

f) 3 quadrados para a esquerda;

g) I quadrado para cima;

h) 6 quadrados para a direita;

i) 5 quadrados para baixo;

j) 2 quadrados para a direita;

k) I quadrado para cima;

l) I quadrado para a direita.

189

Linguagem

Escreva 20 palavras com **5 letras** que começam com **T**:
Tábua,

Escreva 20 palavras com **5 letras** que começam com **V**:
Vagão,

190

Raciocínio

Preencha os espaços vazios com as letras que faltam. Não repita letras na mesma linha ou coluna.

	D		C
C			B
	B	C	A
A			

C			B
	C	B	A
B			
		C	D

191

Atenção

Encontre as 5 figuras diferentes dos modelos:

Modelos

192

Cálculo

Faça as seguintes operações, considerando os números representados pelas letras:

A = 50   B = 73   C = 27   D = 18   E = 45

F = 32   G = 60   H = 15   I = 200   J = 20

A + F + G + C =	H + C + G + B =
D + E + J + I =	A + B + C + J =
H + I + E + J =	E + D + C + B =
D + B + C + I =	F + H + A + A =
A + E + D + G =	I + D + G + B =
G + B + F + I =	J + C + E + F =
H + B + I + E =	I + C + B + A =
J + B + A + C =	G + I + G + J =
D + A + F + G =	C + B + B + D =
H + D + I + B =	E + C + F + G =

193

Memória

Memorize estas palavras. Na próxima página, localize-as sem olhar. Para facilitar, você pode pensar em frases que contenham as palavras; por exemplo: Hoje é *quinta-feira*, *oito* de *dezembro*, e faz muito *calor*.

DEZEMBRO

OITO

QUINTA-FEIRA

CALOR

PERA

LIMÃO

GALINHA

OVO

MENTA

LICOR

CAFÉ DA MANHÃ

COLHER

Assinale as 12 palavras memorizadas da página anterior:

Sexta-feira	Menta	Morango
Janeiro	Quinta-feira	Frio
Galinha	Coelho	Piauí
Calor	Ovo	Café da manhã
Garfo	Colher	Argila
Licor	Treze	Paulo
Setembro	Canto	Limão
Pera	Partida	Laranja
Lanche	Dezembro	Oito

194

Raciocínio

Preencha os espaços vazios com as figuras que faltam. Não repita figuras na mesma linha ou coluna.

195

Linguagem

A partir da palavra ELISÂNGELA forme 20 palavras com sentido, utilizando as letras necessárias sem repetições:

ELISÂNGELA

Elisa,

A partir da palavra NOVENTA forme 20 palavras com sentido, utilizando as letras necessárias sem repetições:

NOVENTA

Nave,

196

Orientação

Desenhe o trajeto desde o ponto de partida (☺) até o final (☆) com as seguintes instruções:

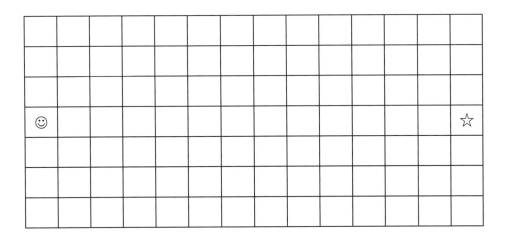

a) 1 quadrado para baixo;

b) 2 quadrados para a direita;

c) 4 quadrados para cima;

d) 4 quadrados para a direita;

e) 2 quadrados para baixo;

f) 3 quadrados para a esquerda;

g) 1 quadrado para baixo;

h) 6 quadrados para a direita;

i) 2 quadrados para cima;

j) 2 quadrados para a direita;

k) 2 quadrados para baixo;

l) 1 quadrado para a direita.

197

Atenção

Encontre as 5 figuras diferentes dos modelos:

Modelos

198

Cálculo

Complete as seguintes séries numéricas:

	359		375			399			423

402			357		312		282	

	497			437			377		337

458			491		524		546	

	692	674			647			620

684		710			749			788	

Raciocínio

Preencha os espaços vazios com as figuras que faltam. Não repita figuras na mesma linha ou coluna.

200

Memória

Memorize estas palavras. Na próxima página, localize-as sem olhar. Para facilitar, você pode pensar em frases que contenham as palavras; por exemplo: Na *segunda-feira*, *dez* de *agosto*, vou sair de férias com a minha *irmã*.

DEZ
SEGUNDA-FEIRA
AGOSTO
IRMÃ

CEGONHA
RICO
LENTO
DISFARCE

TÚNEL
NEVE
NARIZ
ALPES

Assinale as 12 palavras memorizadas da página anterior:

Sábado	Rico	Coco
Agosto	Julho	Segunda-feira
Treze	Nariz	Abacaxi
Frio	Pobre	Túnel
Neve	Disfarce	Adesivo
Calor	Sessenta	Lento
Novembro	Vela	Rápido
Morango	Dez	Alpes
Irmã	Dezembro	Cegonha

SOLUÇÕES

1. Nomes femininos: Bárbara, Maria, Eva, Eduarda, Ana, Alice, Amanda, Rosana, Carmen, Letícia, Dolores, Hermínia, Luzia, Cristina, Francisca, Renata, Laura, Beatriz, Emma, Felícia.

Nomes masculinos: João, Adolfo, Adriano, Augusto, Fausto, David, Diego, Mário, Mateus, Moisés, Alberto, André, Victor, Vicente, Ulisses, Tomás, Pablo, Pedro, Noel, Marcos.

2. Autocorreção.

3. $\square$ = 23; $\stackrel{\wedge}{\not{\sim}}$ = 18; $\bigcirc$ = 22; $\triangle$ = 21.

4. Autocorreção.

5. Autocorreção.

6. GA: galo, gás, gancho, gaze, galho, gala, garfo, gana, gato, galão, galgar, gado, ganhar, garagem, ganso, garbo, gases, gabarito, Galícia, galego.

TO: toldo, Toledo, tosco, tonto, tontura, tórrido, tormenta, Toscana, topo, tomo, tomar, tomilho, torta, todavia, Tomás, torresmo, tocar, tornozelo, torpe, torneira.

7. Maria tem três cães e dois gatos. Manuel quer comer macarrão. Na semana passada vi a minha prima. Nas segundas-feiras meu marido tem folga. Os pássaros fugiram com pressa. As crianças costumam gostar de caramelos. Em agosto vamos viajar de férias para a praia.

8. Animais: cão, rato, gato, urso, elefante, galinha, lebre, coelho.

Nomes próprios: Carmen, João, Afonso, Maitê, Cristina, Augusto, Rodrigo, Maria.

Profissões: pedreiro, camareiro, dentista, pintor, arquiteto, bailarino, cantor, cabeleireiro.

Flores e plantas: gerânio, cacto, hera, campânula, azaleia, gardênia, dália, hortênsia, .

9. T = 24; M = 24.

10. 1. Maiô; 2. Sorriso; 3. Zelador; 4. Cachimbo; 5. Domingo; 6. Nariz; 7. Tênis; 8. Gorro.

11. Autocorreção.

12. Pares: 4, 8, 30, 28, 18, 2, 6, 12, 32, 20, 34, 38, 10, 24, 22, 16, 14.
Ímpares: 39, 7, 1, 21, 17, 3, 5, 9, 15, 19, 13, 23, 29, 37, 25, 11, 33.
Números pares em ordem decrescente: 38, 34, 32, 30, 28, 24, 22, 20, 18, 16, 14, 12, 10, 8, 6, 4, 2.
Números ímpares em ordem decrescente: 39, 37, 33, 29, 25, 23, 21, 19, 17, 15, 13, 11, 9, 7, 5, 3, 1.

13. 1. Garfo; 2. Campainha; 3. Rã; 4. Maiô; 5. Luva; 6. Páginas; 7. Estrelas; 8. Pés; 9. Lagartixa; 10. Relógio; 11. Sombra; 12. Esponja.

14. Autocorreção.

15. Animais: coelho, vaca, touro, burro, cavalo, ovelha, porco, galinha, galo, pato, peru, ganso, codorna, faisão, avestruz, carneiro, pinto, pombo, cabra, bode.
Árvores: abeto, pinheiro, bétula, carvalho, eucalipto, cipreste, nogueira, castanheiro, alfarrobeira, azinheira, macieira, figueira, amendoeira, aveleira, pereira, acácia, bordo, mangueira, amoreira, olmo.

16. As quatro figuras não repetidas são: ▢ ◎ ⚡ ♡

17. MI: mil, mimo, mina, mira, mito, miado, milho, minha, miúdo, micro, Milão, míope, mirim, mirra, missa, misto, milha, mínimo, minuto, migalha.
SO: sol, som, sofá, soja, sono, sola, sopa, sova, sobra, sócio, sódio, solar, sonhar, soprar, sorver, sobre, solto, sóbrio, solene, social.

18. ☹, ☺, ☻, ✌, ✋, 👌, ☞, ☜, 👆, ✌, 👇, ✋, ✌, ✍, ❄, ☼, ❀, ❆.

19. Macarronada; feijoada; *pizza*; risoto de frango; *paella* de mariscos.

20. Autocorreção.

21. 1 pacote com 6 latas de refrigerante (cada uma custa 0,51) 3,06
2 garrafas de vinho tinto (cada uma custa 2,47) 4,94
TOTAL: 29,05

22. Moral da história: Quem trabalha pode anunciar o que faz, mas quem nada faz deve ficar em silêncio.

23.
1.
2.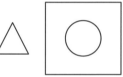

24. Frutas: morango, abacaxi, pêssego, laranja, manga, mirtilo, melancia, ameixa, melão, maçã, abacate, *kiwi*, amora, coco, cereja, pera, tangerina, toranja, banana, romã.

Temperos: salsa, cúrcuma, noz-moscada, *wasabi*, pimenta, alfavaca, coentro, cebola, mostarda, alecrim, louro, anis, cravo, páprica, gergelim, tomilho, alho, canela, cominho, orégano.

25. R = 22; L = 12.

26. Meios de transporte: carro, moto, trem, ônibus, caminhão, avião, van, helicóptero.

Partes do corpo: nariz, mão, pé, olho, unha, ombro, braço, umbigo.

Estados do Brasil: Rio de Janeiro, Rio Grande do Sul, Goiás, Bahia, Pará, Minas Gerais, Paraná, Mato Grosso.

Verduras/hortaliças: acelga, alho, alcachofra, abóbora, couve, aspargo, pepino, alface.

27. Letras maiúsculas não repetidas: B, G, N, V.

Letras minúsculas não repetidas: e, r, k, u.

Números não repetidos: 2, 7, 9, 11.

28. TI: tio, tina, tinhoso, timo, tinir, timão, tirano, time, tipo, tira, tiro, tigre, tinto, tigela, tia, tifo, tíbia, tinta, tiara, tirar.

FE: fel, fevereiro, fecho, fécula, fecundação, federal, felicidade, felino, Felipe, felpudo, feminino, fêmur, fênix, férias, feroz, festivo, feto, feudal, fervor, festival.

29. 1. Vaca; 2. Pinheiro; 3. Anel; 4. Termômetro; 5. Abajur; 6. Vinho; 7. Café da manhã; 8. Cão.

30. Números que faltam: 19, 25, 31, 47, 55, 69, 78, 84.

31. Bênssão = Bênção; Xuxu = Chuchu; Idrante = Hidrante; Tijela = Tigela; Massã = Maçã; Serteza = Certeza; Aveço = Avesso; Oróscopo = Horóscopo; Realisar = Realizar; Relójio = Relógio; Asul = Azul; Facínio = Fascínio.

32. Azul é minha cor favorita. No mês passado quebrei a perna. Minha filha faz aniversário em abril. Sairei de férias na semana que vem. O mar estava calmo e ela dormiu. Na quinta-feira vou ao cinema com meu cunhado Tomás. O ladrão entrou pela janela e roubou as joias.

33. Autocorreção.

34. Autocorreção.

35.

1.

2.

36. Pares: 8, 32, 40, 16, 22, 50, 38, 42, 10, 2, 18, 20, 24, 30, 44, 52.
Ímpares: 15, 21, 7, 5, 49, 3, 37, 17, 55, 41, 43, 23, 51, 19, 33, 57, 25, 31.
Números pares em ordem decrescente: 52, 50, 44, 42, 40, 38, 32, 30, 24, 22, 20, 18, 16, 10, 8, 2.
Números ímpares em ordem decrescente: 57, 55, 51, 49, 43, 41, 37, 33, 31, 25, 23, 21, 19, 17, 15, 7, 5, 3.

37. Acessórios de vestuário: lenço, luvas, gravata, cachecol, xale, boina, chapéu, gorro, diadema, manto, cinta, gravata borboleta, cinto, abotoadura, colar, brincos, pulseira, pingente, turbante, bolsa.

Raças de animal: *husky*, dálmata, *yorkshire*, *poodle*, buldogue-francês, *beagle*, pastor-alemão, São Bernardo, *dobermann*, labrador, samoieda, gato-europeu, siamês, azul-russo, *chihuahua*, coelho-europeu, lebre-da-montanha, agapórnis, cacatua, tubarão-branco.

38. U = 26; S = 41.

39. Cidades/estados: Fortaleza, Manaus, Espírito Santo, Santa Catarina, São Paulo, Alagoas, Amazonas, Recife.

Cores: lilás, azul, turquesa, amarela, branca, verde, rosa, preta.

Ferramentas: pinça, chave-de-fenda, alicate, machado, broca, fita métrica, martelo, chave-inglesa.

Pratos: macarrão, frango, salada, sopa, espaguete, *paella*, grão-de-bico, gaspacho.

40. Quem tudo quer nada tem. Casa de ferreiro, espeto de pau. Se a vida der um limão, faça uma limonada. Pau que nasce torto morre torto. Quem não tem cão caça com gato. Peixe morre pela boca. A palavras loucas, ouvidos moucos. Duas cabeças pensam melhor do que uma. Deus ajuda a quem cedo madruga. Muito barulho por nada. A esperança é a última que morre. A corda sempre arrebenta do lado mais fraco.

41.

	A	B	C	D	E	F
1		○	△			○
2		☆			□	
3	□			☆		△
4				△		
5		□	○			☆

42.

18 + 7 = 25	28 + 15 = 43
21 + 8 = 29	17 + 8 = 25
14 + 9 = 23	15 + 13 = 28
25 + 10 = 35	58 + 9 = 67
38 + 11 = 49	63 + 20 = 83
11 + 13 = 24	21 + 16 = 37
27 + 15 = 42	79 + 12 = 91
81 + 10 = 91	33 + 9 = 42
44 + 9 = 53	24 + 12 = 36
31 + 12 = 43	82 + 13 = 95
77 + 8 = 85	93 + 11 = 104
46 + 12 = 58	75 + 8 = 83

43. Frio/Calor; Perto/Longe; Preto/Branco; Limpo/Sujo; Primeiro/Último; Rico/Pobre; Igual/Diferente; Alto/Baixo; Odiar/Amar; Magro/Gordo; Rápido/Lento; Mau/Bom; Grande/Pequeno; Alegre/Triste; Divertido/Chato; Dia/Noite.

44. O barco ia cheio de passageiros. Na terça-feira tenho aula de piano. Vou tomar café com umas amigas. Minha filha mais velha foi aprovada. Gosto de sorvete de baunilha. Ao meio-dia vou ao cabeleireiro. Recebi uma encomenda da Espanha.

45. Moral da história: Não devemos nos prender a questões sem importância, esquecendo-nos do assunto principal.

46. Tipos de estabelecimento comercial: quitanda, sorveteria, padaria, confeitaria, barbearia, papelaria, cafeteria, armazém, joalheria, perfumaria, loja de móveis, restaurante, lanchonete, vidraçaria, livraria, supermercado, loja de roupas, loja de *lingerie*, farmácia, lotérica.

Pedras preciosas: esmeralda, rubi, safira, ágata, quartzo, olho de tigre, opala, turquesa, granada, tanzanita, água-marinha, alexandrita, ametista, âmbar, lápis-lazúli, ônix, topázio, coral, pérola, pedra da lua.

47. Autocorreção.

48. ⬠ = 19; ⬡ = 26; ◇ = 24; ▱ = 19.

49. Cantores/grupos musicais: Fagner, Beatles, Roberto Carlos, Caetano Veloso, Frank Sinatra, Elvis Presley, Milton Nascimento, Gilberto Gil.

Sobrenomes: Barbosa, Dias, Lopes, Sanches, Fernandes, Cruz, Martins, Garcia.

Países: Itália, Estônia, Grécia, Espanha, França, Alemanha, Bélgica, Polônia.

Eletrodomésticos: cafeteira, liquidificador, lava-louças, espremedor, batedeira, fritadeira, secadora, micro-ondas.

50. Reino: 10; Cadeira: 10; Segunda-feira: 6; Papel: 8; Pente: 8; Melancia: 7; Laço: 9; Leite: 8; Dente: 5; Fúria: 7.

51. Autocorreção.

52. AR: arca, arco, arde, arma, aro, areia, ártico, arguir, aranha, árvore, arcar, ardor, arena, árbitro, areal, ardil, arpão, arroz, árabe, arado.

RE: reto, reação, resistir, reativo, real, realidade, realeza, realista, realizar, reanimar, rebaixar, rebanho, recrutar, Rebeca, rebote, rebuscar, recaída, recatado, receio, responder.

53. Guisado de carne, frango assado, croquete de frango, omelete, cozido de carne.

54. Minha mãe disse que virá depois de amanhã. Minha prima tem três filhas e dois netos. Sempre costumo ser muito positiva em tudo. O pai da noiva estava muito nervoso. Nunca se conhece alguém por inteiro. O papel estava em branco e ela muda. Pedro gritou bem forte para que o escutassem.

55. Guarda-chuva (ou: guarda-costas, guarda-roupa, guarda-sol, guarda-chaves), vira-lata (ou: vira-cabeça), arco-íris, meio-dia, abre-alas, quebra-cabeça, beija-flor, cachorro--quente, roda-viva, saca-rolhas, ar-condicionado.

56. O seguro morreu de velho. Conto o milagre, mas não digo o nome do santo. Gosto não se discute. Sempre há uma primeira vez. Quem com ferro fere, com ferro será ferido. É o olho do dono que engorda o porco. A paciência é amarga, mas seu fruto é doce. Mais vale um pássaro na mão do que dois voando. A cavalo dado não se olham os dentes. Nunca deixe para amanhã o que se pode fazer hoje. Sua alma, sua palma. Não há bem que sempre dure nem mal que nunca se acabe.

57. Autocorreção.

58. Profissionais de um hospital: enfermeiro, ginecologista, pediatra, urologista, clínico-geral, paramédico, recepcionista, anestesista, neurologista, oncologista, farmacêutico, hematologista, cozinheiro, faxineiro, zelador, maqueiro, radiologista, nutrólogo, nutricionista, secretário.

Atrações de um parque de diversões: roda-gigante, carrossel, trem fantasma, tobogã, carrinhos de corrida, pula-pula, tirolesa, corrida de cavalos, tiro ao alvo, montanha-russa, barco viking, corredeira, teleférico, monotrilho, casa de espelhos, simuladores, gruas, restaurante, loja de recordações, lanchonete.

59. 3 caixas de *pizza* (cada uma custa 2,89)   8,67

2 garrafas de azeite de oliva (cada uma custa 3,27)   6,54

2 latas de molho de tomate (cada uma custa 0,75)   1,50

3 bandejas de cogumelos (cada uma custa 0,99)   2,97

                         TOTAL   37,08

60. Letras maiúsculas não repetidas: C, E, W, Z.

Letras minúsculas não repetidas: h, a, n, t.

Números não repetidos: 12, 8, 15, 3.

61.

1.

2.

62. 1. Elevador; 2. Letra C; 3. Cadeira; 4. Espelho; 5. Amendoeira; 6. Carteira; 7. Biscoito; 8. A sílaba "ga"; 9. Chapéu; 10. Relógio.

63. Fexar = Fechar; Adivertir = Advertir; Hópio = Ópio; Fouga = Folga; Grunir = Grunhir; Rasão = Razão; Vasio = Vazio; Baroco = Barroco; Cemáforo = Semáforo; Progeção = Projeção; Desonrra = Desonra; Dezabafo = Desabafo.

64. ⌐ = 25;   ⌐ = 24;   ⌐ = 20;   ⌐ = 23.

65. Em boca fechada não entra mosca. A bom entendedor meia palavra basta. A mentira tem perna curta. Quem avisa amigo é. Quem cala consente. Nem tudo que reluz é ouro. É impossível agradar a todos. A ocasião faz o ladrão. A curiosidade matou o gato. A união faz a força. Vaso ruim não quebra. Águas passadas não movem moinhos.

66. DA: dança, daí, dália, dama, dano, dálmata, dado, daltônico, danar, dândi, Dante, dardo, danado, danificar, damasco, datilografar, danoso, dantesco, datado, dacota.

ER: era, erário, erro, errar, ereto, erigir, erguer, eremita, errado, errata, ergonomia, erétil, erosão, erosivo, erótico, errante, errôneo, erudito, ereção, ermitão.

67. Autocorreção.

68. Subir/Descer; Abaixo/Acima; Curto/Longo; Molhado/Seco; Antigo/Moderno; Nunca/Sempre; Valente/Covarde; Duro/Macio; Paz/Guerra; Melhor/Pior; Perdas/Ganhos; Saída/Entrada; Resposta/Pergunta; Final/Princípio; Amigo/Inimigo; Exterior/Interior.

69. Comia: 10; Mentia: 6; Saía: 7; Subia: 9; Cosia: 7; Dizia: 7; Havia: 8; Abria: 7; Bebia: 8; Vivia: 9.

70. Autocorreção.

71. (+2): 1, 3, 5, 7, 9, 11, 13, 15, 17, 19.
(+3): 5, 8, 11, 14, 17, 20, 23, 26, 29, 32.
(+4): 3, 7, 11, 15, 19, 23, 27, 31, 35, 39.
(+3): 13, 16, 19, 22, 25, 28, 31, 34, 37, 40.
(+5): 19, 24, 29, 34, 39, 44, 49, 54, 59, 64.
(+7): 32, 39, 46, 53, 60, 67, 74, 81, 88, 95.

72. Água-viva (ou: água-doce), palavra-chave (ou: caça-palavra), obra-prima, vaga-lume, bate-papo, bem-vindo, para-brisa, vira-casaca, erva-doce, meio-fio, micro-ondas (ou: micro-ônibus), pós-graduação, porta-aviões (ou: porta-lápis, porta-malas, porta-toalhas, porta-moedas, porta-joias, porta-bandeira, porta-retratos, porta-voz, porta-luvas).

73. Nada como rir sem parar. Os caracóis saem depois da chuva. Na quarta-feira vamos para Barcelona. É bom comer verduras e frutas todos os dias. Ele saiu correndo, mas não a alcançou. Em dezembro acabam as aulas e começa o verão. Meu chefe me chamou para uma reunião à tarde.

74. Autocorreção.

75. Autocorreção.

76.

I.

2.

8420

45

77. Estas são as quatro figuras diferentes:

78. Gaspacho; salpicão de frango; cachorro-quente; camarão na moranga; almôndegas ao molho de tomate.

79. Palavras com quatro letras que começam com A: ação, acne, após, auge, Adão, além, apto, ater, afim, ante, ágil, água, alto, asno, arte, alvo, alga, alma, amor, aspa.
Palavras com quatro letras que começam com G: gafe, grau, gago, gala, gama, gana, gado, gaze, gato, gema, gira, gola, gole, goma, gota, grão, gris, guri, gula, guia.

80. Autocorreção.

81. ♏, ♍, ♍, ℞, ⬭, **O**, O, O, ♮, ✧, ✛, ▤, ⊕, ▤, ⚔, ✉, ✂, ⊠.

82. Pares: 32, 26, 22, 52, 18, 44, 80, 92, 30, 8, 16, 86, 98, 56, 12, 78, 48, 66, 54.

Ímpares: 23, 47, 81, 93, 55, 67, 31, 65, 97, 29, 7, 69, 77, 37.

Números pares em ordem decrescente: 98, 92, 86, 80, 78, 66, 56, 54, 52, 48, 44, 32, 30, 26, 22, 18, 16, 12, 8.

Números ímpares em ordem decrescente: 97, 93, 81, 77, 69, 67, 65, 55, 47, 37, 31, 29, 23, 7.

83. Palavras com quatro letras que comecem com M: mago, medo, mote, mala, maio, mesa, mula, meta, mano, mapa, mais, meio, mito, muro, moda, modo, mofo, mero, moto, mina.

Palavras com quatro letras que comecem com P: pera, pito, pele, pato, pois, poro, polo, pelo, pela, pose, peão, país, pena, piso, pipa, povo, peso, poço, Peru, papa.

84. Antes tarde do que nunca. Quem pariu Mateus que o embale. Aqui se faz, aqui se paga. Cão que ladra não morde. Não há pior inimigo do que um falso amigo. O amor e a morte vencem o mais forte. Cada louco com sua mania. Quem corre por gosto não cansa. É melhor prevenir do que remediar. Amor com amor se paga. Nada como um dia depois do outro. O hábito não faz o monge.

85. E = 65; N = 32.

86. Moral da história: Somos tão egoístas que somente pensamos em nós mesmos.

87. Fasenda = Fazenda; Impenho = Empenho; Losângulo = Losango; Impecilho =Empecilho; Oje = Hoje; Asinalar = Assinalar; Previlégio = Privilégio; Supérfulo = Supérfluo; Reinvindicar = Reivindicar; Naris = Nariz; Beneficiente = Beneficente; Degladiar =Digladiar.

88. Autocorreção.

89. $\Rightarrow$ = 21; $\Leftarrow$ = 25; $\Uparrow$ = 26; $\Downarrow$ = 23.

90. 3 pacotes de espaguete (cada um custa 0,72) 2,16

3 latas de atum (cada uma custa 1,04) 3,12

4 *croissants* de chocolate (cada um custa 0,82) 3,28

3 latas de milho (cada uma custa 0,73) 2,19

4 pacotes de arroz (cada um custa 0,62) 2,48

TOTAL 32,28

91. Começar/Iniciar; Dança/Bailado; Óculos/Lentes; Pelo/Penugem; Aluno/Estudante; Saltar/Pular; Leal/Fiel; Aroma/Fragrância; Veloz/Rápido; Lembrança/Presente; Terminar/Acabar; Jamais/Nunca; Sacudir/Agitar; Curar/Sanar; Voltar/Regressar; Bêbado/Ébrio.

92. Rabanada; bolo de maçã; bolinhos de chuva; *cheesecake*; churros de chocolate.

93. I = 24; A = 87.

94. 1. Planta; 2. Garfo; 3. Vento; 4. Dicionário; 5. Música; 6. Língua; 7. Dias da semana; 8. Nome; 9. Pé; 10. Alho.

95. Palavras com quatro letras que começam com L: laca, lado, lama, lapa, lata, logo, lava, leal, lume, lema, leão, liga, lima, liso, lobo, luta, lida, lote, Luís, leve.

Palavras com quatro letras que começam com R: Rita, raiz, rabo, ramo, raio, raro, rato, rumo, real, rito, rima, roca, rosa, roxo, raso, rubi, ruim, reto, riso, rixa.

96.

F + D + E = 41	C + D + E = 34
G + I + C = 29	H + I + J = 49
A + B + C = 36	G + B + A = 37
I + J + G = 51	F + D + H = 28
D + E + G = 35	B + I + F = 45
H + I + C = 27	E + A + J = 60
B + J + D = 54	I + H + B = 37
A + B + I = 40	F + D + C = 29
J + B + I = 60	E + I + J = 62
F + D + C = 29	B + C + G = 35

97. ❐, ❑, ❑, ❑, ✴, ☐, ☪, ☞, ☏, ", ☒, ", ☐, ◆, ✳, ◆, ✳, ∅.

98. 1. Abelha; 2. Dedo; 3. Andar; 4. Sapato; 5. Viajar; 6. Lupa; 7. Aquecedor; 8. Desafiar.

99. 1. Aldeia; 2. Arco; 3. Branco; 4. Búfalo; 5. Calar; 6. Dedo; 7. Enorme; 8. Frio; 9. Humano; 10. Ilha; 11. Jiboia; 12. Laura; 13. Lunar; 14. Magia; 15. Mês; 16. Neve; 17. Odor; 18. Parar; 19. Pavor; 20. Riso.

100.

	A	B	C	D	E	F
1		⚡			⬠	
2	⬠		☁	☀		⚡
3	☀		⚡		☁	
4						
5	☁			⬠		☀

101.

B	A	R	T	O	E	M	N	L
O	S	N	O	R	M	A	O	U
L	O	U	A	M	C	R	R	C
I	C	S	K	I	O	T	A	I
J	R	R	N	E	L	I	S	A
T	A	O	R	T	A	F	E	S
I	M	S	E	P	A	B	L	O
M	S	A	N	A	R	U	A	L

Marcos, Ana, Norma, Rosa, Laura, Lúcia, Elisa, Pablo.

A	S	A	R	B	T	I	N	O
N	U	D	E	R	O	X	A	M
T	R	O	S	A	Z	U	L	O
E	G	E	B	N	B	N	E	R
L	I	N	C	C	S	U	R	R
P	R	E	T	A	S	I	A	A
S	I	N	K	I	A	B	R	M
E	E	D	R	E	V	I	N	G

Rosa, bege, preta, verde, branca, azul, roxa, marrom.

102. Autocorreção.

103. Ancioso = Ansioso; Salchicha = Salsicha; Xamariz = Chamariz; Hilusão = Ilusão; Angar = Hangar; Rítimo = Ritmo; Opnião = Opinião; Antepático = Antipático; Gratuíto = Gratuito; Ascenção = Ascensão; Asterístico = Asterisco; Agaxar = Agachar.

104. Queria: 6; Divertia: 8; Dormia: 7; Existia: 9; Valia: 10; Ria: 10; Partia: 7; Perdia: 6; Caía: 7; Podia: 8.

105. Moral da história: Não dedique o seu tempo apenas ao prazer. Trabalhe e guarde parte da sua colheita para os momentos de escassez.

106. Amor-perfeito, boa-fé, guarda-noturno (ou guarda-sol; guarda-volumes; guarda--móveis), decreto-lei, algodão-doce (ou: água-doce), banho-maria, carro-forte, dedo--duro, furta-cor, lustra-móveis, laranja-pera.

107. ⇩, ⇦, ⇗, ⇨, ⇗, ⇧, ⇧, ⇨, ⇘, ⇖, ⇦, ⇩, ⇳, ⇔, ⇩, ⇦, ⇔, ⇘.

108. Autocorreção.

109. Letras maiúsculas não repetidas: A, G, Q, X, Z.
Letras minúsculas não repetidas: m, b, s, i, o.
Números não repetidos: 12, 4, 9, 16, 19.

110. a) 1 quadrado para baixo; b) 2 quadrados para a direita; c) 3 quadrados para cima; d) 3 quadrados para a direita; e) 1 quadrado para baixo; f) 1 quadrado para a direita; g) 3 quadrados para baixo; h) 2 quadrados para a direita; i) 4 quadrados para cima; j) 3 quadrados para a direita; k) 5 quadrados para baixo; l) 1 quadrado para a direita.

111. Faltam os números: 89, 97, 108, 122, 135, 141, 149, 158.

112.

39 + 29 = 68	58 + 13 = 71
18 + 12 = 30	62 + 27 = 89
127 + 19 = 146	19 + 18 = 37
152 + 10 = 162	100 + 30 = 130
33 + 17 = 50	52 + 52 = 104
67 + 16 = 83	281 + 15 = 296
71 + 12 = 83	167 + 12 = 179
25 + 20 = 45	394 + 14 = 408
199 + 16 = 215	249 + 88 = 337
78 + 18 = 96	307 + 30 = 337
287 + 9 = 296	459 + 27 = 486
97 + 12 = 109	528 + 33 = 561

113. 1. Espirrar; 2. Subtrair; 3. Ódio; 4. Praça; 5. Estudar; 6. *Blues*; 7. Escrever; 8. Polvo.

114. Lutar/Combater; Ensinar/Educar; Simples/Fácil; Regra/Norma; Parar/Deter; Extraordinário/Raro; Provocação/Desafio; Quebradiço/Frágil; Assoviar/Apitar; Tapar/Cobrir; Vitória/Triunfo; Anterior/Prévio; Escolher/Eleger; Falecer/Morrer; Néscio/Estúpido; Cara/Rosto.

115. 1. Dente; 2. Nome; 3. Letra A; 4. Guarda-chuva; 5. Caixa de fósforos; 6. Botão; 7. Baralho; 8. Letra M; 9. Sal; 10. Papagaio; 11. Pé; 12. O til.

116. As quatro figuras diferentes são:

117. Autocorreção.

118. Palavras com quatro letras que começam com S: saco, sala, sana, sapo, seco, seda, seis, semi, seno, seta, sede, sexo, saga, soja, sina, sair, sumo, sujo, solo, soma.

Palavras com quatro letras que começam com N: nada, nabo, nojo, numa, nata, nave, nome, nota, novo, neon, neto, neve, nexo, nele, napa, nora, Nair, nado, nove, nenê.

119. Letras maiúsculas não repetidas: D, F, J, M, N, P.

Letras minúsculas não repetidas: d, r, c, h, p, g.

Números não repetidos: 2, 10, 5, 22, 25, 15.

120. Caça-níqueis (ou: caça-dotes), alto-relevo, guarda-florestal (ou: guarda-vidas), mal--acabado, porta-retratos, monta-cargas, bem-vindo, salva-vidas, toca-discos, couve-flor.

121. 1. Pneu; 2. Buraco; 3. Ponte; 4. A letra "u"; 5. Pipa; 6. Rio; 7. Balança; 8. Silêncio; 9. Sono; 10. O futuro; 11. Nuvem; 12. Mesa.

122. Autocorreção.

123. Abaixo-assinado, água-marinha, afro-brasileiro, quebra-nozes (ou quebra-mar, que-bra-luz), alta-costura, alto-astral (ou: alto-mar), para-lama, lança-chamas, peixe-prata (ou: peixe-rato, peixe-pimenta), ano-luz.

124. Semeando o bem na terra nós o colheremos no céu.

125. Autocorreção.

126.

C	R	O	B	O	G	T	C	S
U	A	I	M	D	A	G	O	T
L	N	A	R	A	T	O	E	U
Y	A	C	A	C	O	H	L	R
B	O	L	A	O	E	L	H	E
E	M	F	A	F	R	A	O	M
S	I	U	R	S	O	E	R	I
C	A	C	H	O	R	R	O	O

Rã, gato, coelho, foca, rato, leoa, urso, cachorro.

C	O	T	U	E	A	T	R	A
O	R	O	A	O	L	M	A	L
U	N	M	L	O	H	O	A	F
V	O	A	U	N	O	A	L	A
E	N	T	C	S	P	I	O	C
I	R	E	U	A	O	R	B	E
I	F	C	R	U	R	G	E	A
P	E	P	I	N	O	A	C	S

Couve, tomate, alho-poró, cebola, alface, agrião, pepino, rúcula.

127. Moral da história: Ruim para uns, bom para outros, o sol nasce para todos.

128. Palavras com cinco letras que começam com C: Cerne, cabra, cacau, coser, causa, caldo, corja, calvo, campo, canal, canoa, cânon, canto, cútis, carga, Célia, celta, crivo, cinco, cinto.

Palavras com cinco letras que começam com N: Negro, nácar, neném, noção, nadar, noite, nobre, naipe, nicho, nardo, nossa, nasal, natal, navio, naval, nação, norma, nódoa, nuvem, nível.

129. a) 3 quadrados para cima; b) 6 quadrados para a direita; c) I quadrado para cima; d) 2 quadrados para a esquerda; e) I quadrado para cima; f) 4 quadrados para a direita; g) 4 quadrados para baixo; h) I quadrado para a esquerda; i) I quadrado para baixo; j) 3 quadrados para a direita; k) 4 quadrados para cima; l) 2 quadrados para a direita.

130. I. Ambiente; 2. Argila; 3. Balão; 4. Bilhete; 5. Casa; 6. Cuca; 7. Dente; 8. Duro; 9. Empenho; 10. Estufa; 11. Final; 12. Flor; 13. Guarda; 14. Hoje; 15. Humano; 16. Inverno; 17. Jardim; 18. Orelha; 19. Tutela; 20. Via.

131. Autocorreção.

132. $\diamond$ = 28, $\star$ = 22, $\star$ = 24, $\star$ = 19.

133. (− 3): 59, 56, 53, 50, 47, 44, 41, 38, 35, 32.

(− 5): 72, 67, 62, 57, 52, 47, 42, 37, 32, 27.

(+8): 19, 27, 35, 43, 51, 59, 67, 75, 83, 91.

(− 6): 107, 101, 95, 89, 83, 77, 71, 65, 59, 53.

(+12): 43, 55, 67, 79, 91, 103, 115, 127, 139, 151.

(− 7): 101, 94, 87, 80, 73, 66, 59, 52, 45, 38.

134. Autocorreção.

135.

	A	B	C	D	E	F
1		✋				☺
2	♡				🕯	
3			🕯			✋
4	✋	☺		♡		
5		🕯		☺		♡

136.

M	I	S	T	O	R	O	N	E
P	A	S	E	T	O	O	O	A
U	O	Ç	M	O	Ç	A	R	B
N	M	I	E	W	A	M	T	O
T	O	A	P	B	B	M	A	C
I	D	R	P	S	A	I	E	A
N	E	O	R	K	N	C	N	P
A	D	S	A	T	S	O	C	S

Dedo, pé, baço, mão, boca, cabeça, costas, braço.

R	F	S	O	N	N	S	Q	R
Z	L	E	S	Z	G	A	U	I
E	O	R	E	I	A	N	R	L
R	R	R	W	U	R	C	A	O
E	E	O	A	R	C	H	N	A
P	S	T	T	L	I	E	W	S
S	A	P	D	I	A	S	N	O
C	O	N	A	N	I	L	O	M

Flores, Torres, Ruiz, Garcia, Sanches, Perez, Dias, Molina.

137. Conpor = Compor; Advinho = Adivinho; Calhamasso = Calhamaço; Helo = Elo; Tanbém = Também; Asseitar = Aceitar; Densso = Denso; Pasar = Passar; Falássia = Falácia; Holor = Odor; Emossão = Emoção; Iena = Hiena.

138. 1. Letra R; 2. Escuridão; 3. Âncora; 4. Sono; 5. Papel; 6. Mar; 7. Planta; 8. Megafone; 9. Pluma; 10. Pão; 11. Letra D; 12. Eco.

139. ⏱, ⏱, ⏱, ⏱, ⏱, ⏱, ⏱, ⏱, ⏱, ⏱, ⏱, ⏱, ⏱, ⏱, ⏱, ⏱, ⏱, ⏱.

140. Autocorreção.

141. VIOLENTA: navio, neta, nota, via, até, no, veto, tela, vão, ave, lenta, vento, Eva, nave, ato, íon, noiva, tio, tia, atol.

TERMINAL: lã, mina, rima, tela, era, Mila, Meri, ter, tina, trem, trema, lira, Rita, ater, menta, mira, rei, latir, tira, lema.

142. Autocorreção.

143. Aptidão: 7; Adotar: 11; Sabão: 6; Afeto: 7; Efeito: 7; Adaptar: 14; Sermão: 8; Sessão: 6; Atitude: 6; Seção: 6.

144.

A + F + G = 87	D + C + G = 67
H + C + I = 197	B + F + A = 115
J + D + E = 77	J + E + I = 159
B + A + H = 150	D + C + F = 80
I + B + J = 192	E + I + H = 187
F + H + I = 205	D + C + G = 67
J + C + B = 119	F + A + C = 92
E + C + G = 66	H + H + I = 240
I + B + F = 185	B + H + F = 155
J + C + I = 169	C + J + A = 99

145. Conplexo = Complexo; Caza = Casa; Olvinte = Ouvinte; Alizado = Alisado; Prudênssia = Prudência; Adijunto = Adjunto; Ino = Hino; Imfernal = Infernal; Preocupassão = Preocupação; Giboia = Jiboia; Vasoura = Vassoura; Tranze = Transe.

146. Autocorreção.

147. Faltam os números: 99, 108, 120, 133, 145, 152, 167, 172.

148. a) 3 quadrados para baixo; b) 4 quadrados para a direita; c) 1 quadrado para baixo; d) 2 quadrados para a esquerda; e) 1 quadrado para baixo; f) 5 quadrados para a direita; g) 5 quadrados para cima; h) 2 quadrados para a direita; i) 5 quadrados para baixo; j) 1 quadrado para a direita; k) 2 quadrados para cima; l) 2 quadrados para a direita.

149. PERSONAGEM: pera, perna, era, pegar, ano, seno, aro, megera, menor, moer, pão, por, peso, pesar, rosa, raso, mero, pena, gema, remo.
MALEÁVEL: mala, vela, lema, mal, leve, mel, amável, leal, lama, além, ave, ele, ela, ama, ema, vale, vala, lava, avelã, alemã.

150.

	A	B	C	D	E	F
1	📖		✠			🔔
2		⚑	🔔			
3	✠					📖
4			🔔		⚑	
5		📖		⚑		✠

151. Letras maiúsculas NÃO repetidas: B, E, G, I, K, R.

Letras minúsculas NÃO repetidas: e, q, v, f, j.

Números NÃO repetidos: 3, 22, 24, 7, 14, 19.

152. a) 2 quadrados para cima; b) 4 quadrados para a direita; c) 2 quadrados para baixo; d) 2 quadrados para a esquerda; e) 1 quadrado para baixo; f) 4 quadrados para a direita; g) 4 quadrados para cima; h) 2 quadrados para a direita; i) 3 quadrados para baixo; j) 3 quadrados para a direita; k) 3 quadrados para cima; l) 1 quadrado para a direita.

153. Autocorreção.

154. As cinco figuras diferentes dos modelos são; ⊕, ✚, ×, ◈, ● .

155.

2	1	4	3
1	4	3	2
3	2	1	4
4	3	2	1

4	3	1	2
1	2	4	3
3	1	2	4
2	4	3	1

156. 1. Adorno; 2. Advérbio; 3. Agente; 4. Carrilhão; 5. Cerimônia; 6. Charco; 7. Cola; 8. Comum; 9. Cutâneo; 10. Dezembro; 11. Dieta; 12. Extração; 13. Extranatural; 14. Fase; 15. Favor; 16. Frito; 17. Hora; 18. Horror; 19. Olmo; 20. Ouvido.

157.

18 - 5 = 13	68 - 13 = 55
27 - 9 = 18	52 - 7 = 45
12 - 8 = 4	72 - 15 = 57
13 - 7 = 6	18 - 14 = 4
22 - 10 = 12	31 - 20 = 11
35 - 8 = 27	87 - 13 = 74
49 - 11 = 38	29 - 12 = 17
28 - 8 = 20	75 - 17 = 58
47 - 12 = 35	38 - 14 = 24
51 - 8 = 43	64 - 17 = 47
62 - 11 = 51	84 - 30 = 54
78 - 13 = 65	73 - 16 = 57

158. As quatro figuras diferentes são:

159.

	A	B	C	D	E	F
1				✂		✿
2	✈	✿			✿	
3		✉			✉	
4				✈		✂
5	✂		✉	✈		

160. Autocorreção.

161. As cinco figuras diferentes dos modelos são:

162. a) 2 quadrados para a direita; b) 3 quadrados para cima; c) 4 quadrados para a direita; d) 4 quadrados para baixo; e) 4 quadrados para a esquerda; f) 1 quadrado para baixo; g) 6 quadrados para a direita; h) 5 quadrados para cima; i) 2 quadrados para a direita; j) 5 quadrados para baixo; k) 2 quadrados para a direita; l) 2 quadrados para cima.

163. FATIGOSO: gota, fato, tia, tio, sótão, fogo, sofá, foto, figo, fita, gato, Goiás, Tiago, ato, sifão, agito, agosto, figa, fio, tosa.

CARPINTEIRO: pinta, pinto, reto, reta, piano, carteiro, pino, rico, carro, caro, inteiro, pecar, pintar, interior, rio, perna, tipo, canto, arco, copa.

164. Autocorreção.

165. Faltam os números: 192, 230, 247, 259, 262, 283, 293, 307, 309.

166.

	A	B	C	D	E	F
1	★		☾		🕐	
2			★			
3	☾			☎		☎
4			🕐		☾	
5		☎		★		🕐

167. Autocorreção.

168.

A + F + G + H = 85

B + D + G + J = 62

G + D + E + C = 73

H + J + C + A = 84

E + I + A + G = 75

B + G + A + H = 75

D + A + B + F = 102

F + I + H + J = 58

D + J + B + H = 71

F + C + B + I = 54

I + H + C + G = 49

F + D + E + C = 85

J + A + I + H = 78

B + I + D + F = 71

J + E + D + C = 77

A + F + C + B = 85

I + D + C + G = 64

E + D + B + A = 100

D + C + B + H = 74

E + A + F + J = 90

169. Aferir: 8; Casa: 9; Cem: 9; Apto: 7; Sem: 7; Apito: 8; Auferir: 8; Caça: 10; Abelha: 7; Ovelha: 5.

170.

171. 1. Antigo; 2. Ásia; 3. Aspa; 4. Atascar; 5. Envio; 6. Enzima; 7. Eriçado; 8. Fiação; 9. Fiança; 10. Fiar; 11. Fibra; 12. Filtro; 13. Insulina; 14. Insulto; 15. Insuperável; 16. Interativo; 17. Parede; 18. Parente; 19. Paris; 20. Parvo.

172.

2	1	3	4
3	4	2	1
1	2	4	3
4	3	1	2

1	4	2	3
4	2	3	1
3	1	4	2
2	3	1	4

173. As cinco figuras diferentes dos modelos são: ☽ ☒ ◼ ⬤ ⊙

174. Autocorreção.

175. Palavras com cinco letras que começam com R: raiva, rádio, razão, revés, rampa, rango, rural, rapto, rasgo, regra, regar, renda, resto, ritmo, reter, rifle, ranço, ronco, rever, relva. Palavras com cinco letras que começam com J: jambo, jeito, juízo, junto, Japão, junco, janta, jarra, jarro, jegue, jejum, Jesus, Jorge, justo, jovem, Judas, judia, junta, jurar, julho.

176.

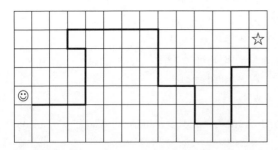

177. As quatro figuras diferentes são: ⇐ ✦ ⊗ ▭
178. Autocorreção.

250

179. ANTEPOR: por, ante, porta, pato, pena, pera, terno, ato, rã, ponte, ponta, reta, reto, torpe, Reno, rota, pão, peão, ator, até.

CONSCIÊNCIA: ciência, cão, coice, cano, sino, são, aio, cena, naco, eco, ciano, ano, asco, saco, seco, saci, sina, seio, aceno, casco.

180.

$72 - 11 = 61$	$325 - 9 = 316$
$57 - 15 = 42$	$517 - 15 = 502$
$188 - 13 = 175$	$260 - 17 = 243$
$222 - 8 = 214$	$122 - 15 = 107$
$89 - 15 = 74$	$408 - 14 = 394$
$305 - 9 = 296$	$601 - 20 = 581$
$172 - 7 = 165$	$102 - 15 = 87$
$91 - 12 = 79$	$99 - 30 = 69$
$470 - 17 = 453$	$672 - 13 = 659$
$282 - 20 = 262$	$315 - 9 = 306$
$61 - 11 = 50$	$561 - 32 = 529$
$173 - 13 = 160$	$489 - 17 = 472$

181.

P	I	N	T	I	S	M	U	R	I
S	E	V	I	L	H	A	R	O	N
A	T	O	G	U	L	R	I	S	E
M	N	G	A	L	E	U	R	E	T
R	A	Y	I	W	S	J	A	M	K
Q	C	L	R	R	A	A	Z	Q	O
M	I	S	A	R	O	E	I	D	A
M	L	N	W	G	A	N	D	M	C
A	A	R	M	O	A	S	A	O	S
O	R	O	U	K	R	Y	C	A	E
R	M	O	D	I	O	N	N	C	U
N	A	R	E	E	I	O	E	A	H
S	A	Y	S	T	L	E	M	C	S
O	L	I	A	E	U	O	I	E	O
G	I	S	C	K	C	N	T	R	T
R	V	R	P	O	Z	A	M	E	L
U	A	S	T	U	R	I	A	S	A
B	O	P	O	I	M	R	V	O	S

Sevilha, Teruel, Alicante, Málaga, Girona, Jaén, Cadiz, Huesca, Toledo, Cáceres, Vizkaya, Ávila, Burgos, Astúrias.

182. Autocorreção.

183.

R	E	T	O	L	I	S	A	R	B
M	S	A	T	I	W	U	I	O	A
E	A	L	E	M	A	N	H	A	P
G	S	O	S	N	G	I	J	B	L
I	O	P	Z	E	N	G	I	U	A
N	A	P	A	A	T	E	V	C	G
T	M	O	H	N	M	R	N	O	U
E	S	F	J	U	H	I	H	E	T
T	U	R	Q	U	I	A	L	A	R
O	W	A	S	G	E	I	S	P	O
O	M	N	I	A	H	Q	U	A	P
O	O	Ç	N	C	T	O	Z	Ç	O
T	E	A	A	I	L	A	T	I	R
I	G	A	I	W	A	U	I	U	E
G	L	I	C	Z	I	M	N	S	N
E	N	H	E	J	S	J	U	P	E
U	M	A	R	O	D	A	U	Q	E
U	U	E	G	R	R	G	A	N	A

Brasil, Alemanha, Espanha, Nigéria, Cuba, Portugal, Turquia, França, Chile, Egito, Grécia, Itália, Suíça, Equador, Gana.

184.

A	C	B	D
C	A	D	B
B	D	C	A
D	B	A	C

C	B	D	A
D	A	C	B
A	C	B	D
B	D	A	C

185. 1. Cadáver; 2. Cadeira; 3. Cair; 4. Calado; 5. Chave; 6. Imortal; 7. Imóvel; 8. Imune; 9. Inocência; 10. Março; 11. Mártir; 12. Mas; 13. Matar; 14. Matriz;15. Medo; 16. Pelotão; 17. Pelúcia; 18. Peruca; 19. Platônico; 20. Prazo.

186. (− 9): 160, 151, 142, 133, 124, 115, 106, 97, 88, 79.
(+15): 72, 87, 102, 117, 132, 147, 162, 177, 192, 207.
(− 4): 209, 205, 201, 197, 193, 189, 185, 181, 177, 173.
(− 7): 215, 208, 201, 194, 187, 180, 173, 166, 159, 152.
(+13): 302, 315, 328, 341, 354, 367, 380, 393, 406, 419.
(− 12): 347, 335, 323, 311, 299, 287, 275, 263, 251, 239.

187. Números que faltam: 353, 371, 389, 407, 425, 438, 457, 462, 468.

188.

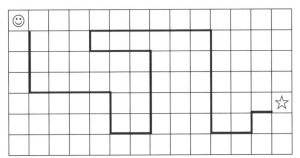

189. Palavras com cinco letras que começam com T: tábua, termo, tênue, torpe, talão, tanga, tango, tapar, tarde, tosca, temor, tenaz, tenro, tigre, tíbio, timão, toldo, torta, trigo, trono.

Palavras com cinco letras que começam com V: vagão, vigor, valer, viril, valor, vapor, visar, velho, veloz, venda, valia, vento, Vênus, vício, vácuo, vírus, vista, vital, vocal, velar.

190.

B	D	A	C
C	A	D	B
D	B	C	A
A	C	B	D

C	A	D	B
D	C	B	A
B	D	A	C
A	B	C	D

191. Estas são as cinco figuras diferentes dos modelos: ?, ✓, ⊕, ■, ✱.

192.

A + F + G + C = 169	H + C + G + B = 175
D + E + J + I = 283	A + B + C + J = 170
H + I + E + J = 280	E + D + C + B = 163
D + B + C + I = 318	F + H + A + A = 147
A + E + D + G = 173	I + D + G + B = 351
G + B + F + I = 365	J + C + E + F = 124
H + B + I + E = 333	I + C + B + A = 350
J + B + A + C = 170	G + I + G + J = 340
D + A + F + G = 160	C + B + B + D = 191
H + D + I + B = 306	E + C + F + G = 164

193. Autocorreção.

194.

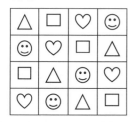 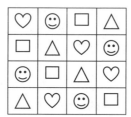

195. ELISÂNGELA: Elisa, gala, lisa, singela, Elis, ela, ele, sela, gel, leal, Isa, sala, legal, Ângela, Ana, ala, liga, Elsa, Gil, genial.

NOVENTA: nave, névoa, veto, ante, ave, nove, Eva, nova, toa, tão, neta, neto, nato, vento, nota, nona, até, ano, no, ato.

196.

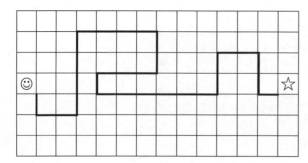

197. As 5 figuras diferentes dos modelos são: 🖥, 🖐, ◉, ♠, ☆.

198. (+8): 351, 359, 367, 375, 383, 391, 399, 407, 415, 423.

(– 15): 402, 387, 372, 357, 342, 327, 312, 297, 282, 267.

(–20): 517, 497, 477, 457, 437, 417, 397, 377, 357, 337.

(+11): 458, 469, 480, 491, 502, 513, 524, 535, 546, 557.

(– 9): 701, 692, 683, 674, 665, 656, 647, 638, 629, 620.

(+13): 684, 697, 710, 723, 736, 749, 762, 775, 788, 801.

199.

♡	□	☺	△		☺	△	□	♡
□	△	♡	☺		□	☺	♡	△
☺	♡	△	□		♡	□	△	☺
△	☺	□	♡		△	♡	☺	□

200. Autocorreção.

Conecte-se conosco:

facebook.com/editoravozes

@editoravozes

@editora_vozes

youtube.com/editoravozes

+55 24 2233-9033

www.vozes.com.br

Conheça nossas lojas:
www.livrariavozes.com.br

Belo Horizonte – Brasília – Campinas – Cuiabá – Curitiba
Fortaleza – Juiz de Fora – Petrópolis – Recife – São Paulo

EDITORA VOZES LTDA.
Rua Frei Luís, 100 – Centro – Cep 25689-900 – Petrópolis, RJ
Tel.: (24) 2233-9000 – E-mail: vendas@vozes.com.br